悪魔の中世

惡魔的肖像

澀澤龍彥 著

惡魔的肖像 專文推薦

透過作者詳盡的介紹，讀者可知西方基督教世界裡惡魔的誕生、樣貌的演變以及為何遭民眾恐懼的由來。

——「幕末．維新史」系列作者 洪維揚

澀澤先生貫通古今典籍，探索考古、神話、歷史、宗教、文學、哲學、心理學各領域，鋪寫源遠壯麗的魔鬼肖像藝術史話。基督教上帝並無形象，為何惡魔有形象？數千年來人類沉迷於為惡魔造像是為哪椿？答案在本書裡。說穿了，描繪惡魔就是探索人的內心。

——《禁斷惑星》作者 高苦茶

如獲至寶、欲罷不能：它的懷疑精神令我傾倒，在有趣的「觀看之道」中，我們更會與思考之妙與解說之王相遇。

——作家 張亦絢

惡魔的肖像 專文推薦

本書援引哲學與宗教學等觀點，結合藝術與文學作品來探究各時期的惡魔形貌與意象，是研究惡魔學及藝術史的重要文本。

——寓言盒子版主 詹文貞

隨著暗黑美學大師澀澤龍彥探索異色幻境，直面人類最古老感情——恐懼的魅力，窺見惡魔藝術的本質。

——人氣恐怖作家 醉琉璃

目次

圖1　格呂內瓦爾德（Matthias Grünewald）《聖安東尼的誘惑》
伊森海姆祭壇畫，法國科爾馬市，恩特林登美術館

圖2　阿布雷希特・考夫《死之舞蹈》
描繪尼克勞斯・曼努埃爾・德意志壁畫的水彩畫，伯恩歷史博物館
上／皇后與王妃　下／公爵與伯爵

前言

我必須先向大家說聲抱歉，這本書名為《惡魔的肖像》藝術史般的短篇集，是筆者將近十七年前所寫的文章，也就是在藝術雜誌《MIZUE》一九六一年三月號到十月號，共八回的連載內容，雖然這次為了出單行本新增加四十張圖，不過說到底，認為骨幹還是十七年前的東西也不為過。

很早以前桃源社便已預定文章要出單行本，那麼說到為什麼這麼晚才發行，都是因為忙碌或是怠惰的緣故吧！老實說，我很想整個重新改寫當初青澀的內容，使其改頭換面。十七年前，是我三十歲不上不下的時候。年輕時不管欠缺知識與參考文獻，以初生之犢不畏虎的氣勢，挑戰了當時日本尚未有人踏足的領域。話雖如此，但現在回想起來，連一棟羅馬式建築都沒有親眼見過，卻寫出這些長篇大論，還真是厚臉皮啊！

從現在筆者的觀點來看，這些青澀的內容理所當然有太多疏漏，眼睛不禁盯著這些不滿意的地方，明明想要整個重寫、翻新卻沒動手，當然會如此。然而筆者最終下定決心，將《惡魔的肖像》完全按照在雜誌上發表時的原文、刻意不加筆地出單行本，畢竟感覺往後已經沒有餘裕留下時間大幅改稿。即使疏漏或不滿意的地方很明顯，但總覺得這也能視為一種研究筆記吧！

十七年來，筆者的書庫中逐漸蒐集了中世紀惡魔藝術相關參考資料，份量相當可觀。這些資料繼續沉眠在書庫深處、不充分活用卻先讓這本《惡魔的肖像》出現在市面上，身為作者，實在是遺憾不已。不過這也是不得已的，人類的能力有限，總之對像我這樣要寫下大量文字有困難的人而言，一口氣改稿等等，打從一開始就是不可能的要求。

很抱歉寫下這麼多像在詭辯的話，不過這本短篇集《惡魔的肖像》，原本就是我投注了無數心血的作品，或許能說正因為如此，這麼晚才讓它出現在世人面前。就像掌上明珠終於要嫁人的父親，很貼近我現在的心境。話說回來，就如前面所提過的，新嫁娘的準備絕對算不上充分，不過為了苦苦等待十七年、桃源社的矢貴昇司先生，筆者認為接下來還是得帶著笑容送女兒出門。

為了單行本新增補的部分有第一章〈惡魔形象的起源〉全部，以及第二章〈惡魔肖像學〉的前半部，這些也是到了近幾年才寫的。

澀澤龍彥

一九七八年八月

惡魔形象的起源

圖3　德拉克洛瓦（Eugene DeLacroix）《梅菲斯特費雷斯》（Mephistopheles），巴黎國立圖書館（浪漫主義時代的惡魔形象）

一般歐洲人聽到惡魔這個概念，想到的印象是有如十九世紀畫家德拉克洛瓦所繪製的梅菲斯特費雷斯吧——嘴角裂到耳朵、眼睛上吊細長，手中拿著吉他，腳上有蹄，臀部長著尾巴，用嘲諷的表情演奏著情歌旋律。

回顧時代，這種如漫畫般、浪漫主義時代的惡魔形象，原型可追溯到羅馬或哥德式的教堂、修道院中用石頭雕刻而成的中世紀基督教地獄行刑者的形象。由於歐洲人記憶中根深柢固的惡魔形象與基督教的傳統如此難分難捨，所以對他們而言，自基督教以外的文化及其他宗教傳統中誕生的惡魔似乎有點難以想像。提到惡魔，我們日本人想到的樣子也並不是〈地獄草紙〉中出現的日本鬼怪或佛教的羅剎，無論如何都會浮現基督教的惡魔形象。

然而惡魔本身一開始給人的印象便與咒術或神話起源相連結，不會有人認為是從與基督教無關的地方產生的。硬要說的話，惡魔的展現可追溯到遙遠的史前時代。

奇幻小說家洛夫克拉夫特（Howard Phillips Lovecraft）曾寫到：「人類擁有的感情中，最古老、最強烈的就是恐懼。」最早的人類相信有種玄奧、眼睛看不見的力量，如果該力量很危險，就必須透過祈禱將其祓除。對原始人而言，生與死、時間與空間等等觀念都還模糊不清，就連看得見與看不見之物、自然與超自然之間也沒有明顯的區別。居住在洞窟中的他們害怕夜晚的黑暗，總是恐懼會受到眼睛看不見的惡靈或亡魂襲擊。無論生病又或死亡，都是惡靈作祟，對受到這種危險力量影響的他們來說，有必要透過祈禱來祓除惡靈。

體驗過長期雌伏於帶來災禍的超自然力量之後，從舊石器時代後期開始，他們終於開始展現出支配人類精神意圖的力量。如此以模仿或共感原理為基礎的「殺害咒術」或「模仿咒術」，便在此時誕生。

本世紀初首先提倡「藝術的起源在於咒術」這種大膽學說的是法國考古學家——薩洛蒙．雷納克（Salomon Reinach），異於這個學說的意見也很多，而對舊石器時代後期洞窟藝術研究貢獻良多的布勒伊大師（Henri Edouard Prosper Breuil）也幾乎承襲了雷納克的意見。

換句話說，布勒伊大師對馴鹿時代藝術家的看法如下：

「託狩獵咒術，也就是信仰繁殖以及殺害咒術的福，讓我發現了他們藝術發展的社會性理由。他們同時是藝術家，也是咒術師，藉由對藝術的愛留下繪畫，然而與此同時，他們也期待著想要的獵物增加、狩獵順利、有害處的野獸死亡。」

——《洞窟藝術的四萬年》，一九五二年

在洞窟牆壁上畫著對野獸射箭的圖像，會帶來讓該動物直接死亡，如咒術般的效果。也就是說，洞窟繪畫是創造動物的替身，圖畫的目的在於賦予該動物咒術效果，因為馬、野牛或其他動物等身上刻畫著的箭，明顯是施咒的象徵。

像這樣，蒙特斯潘洞窟（上加倫省）出現黏土製的動物雕像，伊斯蒂里特洞窟（庇里牛斯——大西洋省）則出現馴鹿角製成的野貓等等。加爾加斯（Gargas）洞窟中數量眾多的負像手印大多數手指都被切掉了，這恐怕也可認為是為了預防災禍、免於死者的復仇，簡單說是為了祓除某種惡靈的犧牲。

此外，昂格蘭河畔昂格勒（Angles-sur-l'Anglin，又作普瓦捷東北，Nord Est de Poitiers）的岩棚浮雕與屈爾河畔阿爾西洞窟（約訥省）的草圖等等所在地，顯然是舉行某種儀式的場所。不僅如此，據說在勒泵拉特隆洞窟（加爾省，La Baume-Latrone）的黏土壁上，描繪著長達三公尺以上的巨大蛇形圖像，這與其說是實際的蛇，或許更像是人類幻想出較為樸素的惡靈形象也說不定。

之後創造出所謂神話中的龍，也就是一開始撒旦形象的人類想像力，早遠在舊石器時代後期的歐里納克藝術初期階段萌芽，可見端倪。

還有一個在舊石器時代，讓人認為會不會是最初具有基督教意味的惡魔繪圖，那就是英國人類學家瑪格麗特・莫瑞（Margaret Alice Murray）女士的名著——《魔女之神》[1]（一九三一年）第一章〈長角的神〉開頭所引用，著名的三兄弟洞窟（阿列日省，Les Trois-Frères）壁畫（圖4），上面畫的是裹著鹿皮、頭部戴著巨大鹿角跳舞的咒術師。莫瑞女士主張從基督教視為惡魔的祭典、穿著動物裝扮的異教宗教儀式可回溯到舊石器時代。當然參加洞窟儀式的原始人們應該不會把裝扮

圖4　戴著鹿角跳舞的咒術師，
三兄弟洞窟（阿列日省），
舊石器時代

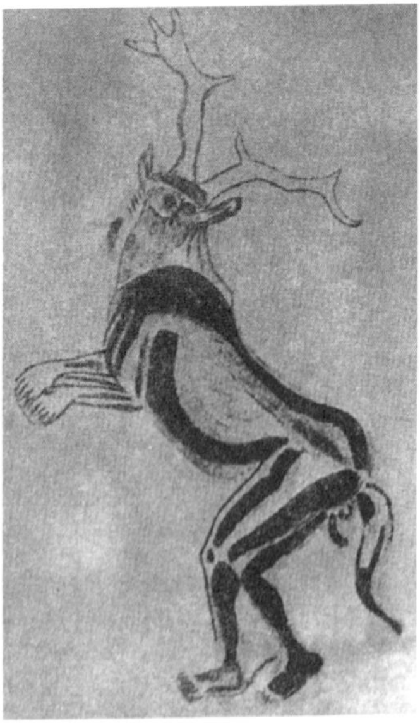

圖5　拿著棍棒的惡魔，
法國貢克的聖富瓦教堂，
十一世紀

成鹿的咒術師看成惡魔。古早土著宗教的神明——「長角的神」受到新興宗教的基督教敵視，被同化成罪惡的源頭，所以由此逐漸誕生出長角惡魔的形象。

善惡二元論或許也是隨著咒術發展而來，畢竟無論是遵從自然的生命規律、光明與黑暗的循環、人生中喜樂與不幸交錯等等情況，都不得不接受在人類本身或世間存在著善與惡的靈魂這種想法。透過善與惡的信仰使咒術大幅進步，幾乎世界上所有宗教的根源都能發現這種善惡二元論的原理，也使其更加發達。

重新回顧史前時代的惡魔考，接著必須要進入到探討最古老的文明時代。

在東地中海海岸，從最古老的文明時代起便會將自然的狂暴力量具象化，膜拜真正的魔神。摩押人崇拜的菲格（phegor）、非利士人（Philistines）奇異的偶像神——大袞（Dagon）、赫勒斯滂的豐饒神——普里亞波斯（Priapos）等都是如此。腓尼基一帶廣受崇拜的偶像神巴爾、亞捫人（Ammonites）崇拜的摩洛（Moloch）等也有在《舊約聖經》中出現，其信徒會被要求進行恐怖的人類獻祭，不得不將其視為魔神崇拜最純粹的表現方式。亞述、巴比倫尼亞的藝術中，顯然有如此血腥的魔神崇拜跡象。原始基督教的思想家到了羅馬時代依舊存在，便奮起意圖撲滅這些古早的偶像崇拜行為。

例如大受好評的美國恐怖電影《大法師》中也有出現的，我想或許有人有印象，那個亞敘的青銅製帕祖祖（Pazuzu）雕像（西元前一千年前半，圖6）等等，可說是這些惡靈最強而有力的表現方式之一。現代法國東方考古學家安德烈．帕羅曾解說過：

「消瘦的人體上頭頂著皺眉不悅的表情，腳是猛禽類的爪子，背上長著的羽翼半開。雙手彎曲如鉤，更加強了這醜陋兇惡肖像的威嚇感。」

——《亞述，人類的藝術》2

據說帕祖祖是眾多天空惡靈之王，是帶來疾病的熱風之化身，也是與所有善良精靈對立為敵的魔神。除此之外，亞述的藝術中還出現了人臉有翅膀的獅子、讓人聯想到希臘神話米諾塔洛斯的牛頭人身怪物，或者跟半人馬幾乎一模一樣的怪物，應能將之視為希臘神話怪獸的先驅。

古埃及也是個神話中滿是半人半獸的地方，甚至嚇壞了羅馬人：母牛頭的女神哈索爾（Hathor）是地下墓穴的守護神，底比斯王墓的壁畫上經常可見到祂的身影。而阿努比斯是金狼獸首、塞赫麥特（Sekhmet）是母獅獸首、托特（Thoth）是朱鷺獸首，而荷魯斯（Horus）則是老鷹獸首的雜種怪物。這個地區仍十分盛行魔法，身為厲害咒術師的女神伊西絲（Isis）會唱誦咒語，將她丈夫歐西里斯被切成十四塊的肉體復原。

頭部是隼鳥的月神孔斯（Khons）從生病的公主體內驅逐出惡靈，外形貌似醜陋矮人的孕婦守護神貝斯（Bes）則會讓邪惡精靈不敢靠近。最後來講講埃及神話中可說是惡魔象徵的賽特（Seth），其頭部像是驢馬，是太陽神拉的敵人，也是光明與世間幸福的破壞者。希臘人將這些荒蕪的沙漠、暴風雨、黑暗等人格化形成的神，視為下半身是蛇的巨人堤豐（Typhon）。

《死者之書》中描述了賽特因為傲慢之罪，而像撒旦一般被放逐出神界的過程，據說故事內容很奇妙地讓人聯想到《約翰啟示錄》的內容。這可認為是所有宗教中廣為流傳、巨人族與神明戰爭的傳說之一，也就是在婆羅門教的神話中，因陀羅（帝釋天）與魔族阿斯羅（阿修羅）戰爭、濕婆神的配偶杜爾迦女神（難近母）與水牛頭的魔神戰爭，真想去看看著名的馬馬拉普拉姆岩窟浮雕（Mamallapuram，七世紀）。而在北歐神話中，則有雷神索爾跑到巨人族的國度打架，努力擊退怪蛇尤蒙剛德（Midgard）。

當然從這些巨人族與神明戰爭的傳說，還有希臘泰坦族（巨人族）對宙斯的戰爭，都能發現類似的模式。

海希奧德的《神譜》[3]寫道：

「恐怖的聲響傳遍無邊無際的海洋，大地劇烈低鳴。廣闊的天空受到撼動，發出呻吟。高聳的奧林帕斯山頂上有長生不死的神明飛舞交錯，下方則連底部都激烈晃動著。」

戰鬥長達十年之久，最終泰坦族敗北，被幽禁在塔爾塔羅斯（冥界的最下層，棄置犯下重罪神明的場所）。但丁的嚮導維吉留斯在地獄底部的深井中見到被鎖鏈綁在一起的巨人，他向但丁說明，簡直與叛逆天使墜入地獄的過程如出一轍：

圖6　亞述的魔神帕祖祖，
西元前一千年前半，羅浮宮

圖7　戈爾貢的首級，
赤陶，三世紀，羅浮宮

圖8　神魔圖楚爾查，塔基尼亞，
壁畫《歐爾庫斯之墓》，
西元前四世紀末

圖9　戈爾貢的首級，
壺繪，六世紀末，羅浮宮

「這些傲慢的傢伙反抗至高無上的喬維（宙斯），想試試看自己的力量有多大，這就是報應。」

——《地獄篇》[4]第三十一曲

希臘神話中還有與宗教結合、色情的人獸交婚，從中誕生了牛頭人身的米諾塔洛斯及半人馬等怪物。講到這裡，或許該想起將奧德修斯的部下變成豬的巫女喀耳刻。米諾塔洛斯（Minotaurus）的字源「米諾斯」（Minos）是克里特島古代的國王，同時也是冥界的審判者，在希臘神話中也明顯可知具有亡者之國的觀念。先前所提被視為等同於埃及賽特神的堤豐，也是與宙斯戰鬥過後落入冥界的巨人，這個下半身是巨蟒的醜陋怪物還與蛇形女妖艾基德娜交配，生下地獄看門犬克爾貝洛斯、勒拿湖的希德拉（Hydra，水蛇）、奇美拉（Chimera，噴火獸）等怪物。

再者，如果提到棲息於冥界的神明，有支配亡者之國的黑帝斯、被黑帝斯擄去當妻子的波瑟芬妮、還有亡靈的女王黑卡蒂，另外復仇女神厄里倪厄斯、聽從黑卡蒂的女妖怪恩普莎等，也能看作恐怖的冥界眷屬。

希臘人將這些妖異的神話當作主題，描繪在陶器或壺上，也可見到大理石石棺上有類似的雕刻。正如武器上或掛在牆上的戈爾貢頭像（Gorgon，蛇髮女妖，圖7、9），有的也是裝飾性設計。雖然不可能一一引用這些作品，不過假如只舉出一個，那就是保薩尼亞斯（Pausanias）講解過、由波利格諾都斯描繪，位於德爾斐的克尼多斯人大會堂壁畫（西元前五世紀），上面畫著墮落到冥界之人受到懲罰的情景，當然現在已經不存在。至於繪出想法相似的作品則可見塔基尼亞的墳墓壁畫，例如《歐爾庫斯之墓》（Tomb of Orcus）的壁畫（西元前四世紀末，圖8）中，出現了鼻子是禿鷹嘴、頭髮是蛇、耳朵是驢馬的耳，手中握著槌子、長了翅膀的魔神圖楚爾查（Tuchulcha，也有人說是冥河的擺渡人卡隆）。除此之外，伊特魯里亞藝術中描繪惡魔、地獄或拷問的場景相當多，其幻想式的殘酷描寫手法近年來備受矚目。

羅馬人的現實主義完全冷卻這些從地獄神話誕生的熱烈幻想氣息。羅馬人並不相信吸血鬼或狼人遠祖的拉米亞（Lamia，掠奪小孩的女妖）、食屍鬼（ghoul，起源於阿拉伯的傳說，啃食屍體的女妖）以及勒魔（lemures，死者的亡魂）等妖怪。的確，維吉留斯、荷瑞修斯（Quintus Horatius Flaccus）或阿普留斯（Lucius Apuleius）的諸多作品中經常出現黑卡蒂的名字，而且據說使用毒藥或春藥的巫女會在羅馬的艾斯奎蘭墓地舉辦集會，然而這種風俗影響在藝術作品以外的地方幾乎沒有出現，古典希臘時期較少承襲這些主題。

話雖如此，斯芬克斯或奇美拉身棲另一個世界的觀念並沒有從羅馬人的精神中消失。伊西絲與塞拉比斯的宗教、或者受到祆教影響的密特拉教（mitra）就這樣維持著別的世界觀，來勢洶洶地入侵羅馬的領土，相較於自古以來羅馬嚴格的宗教逐漸占有優勢。儘管表面上禁止咒術，卻有許多可信的跡象顯示羅馬皇帝在暗中培養、收用咒術師。如此曖昧不明的情況持續著，直到基督教的新教義終於勝過咒術，確立了善與惡的新二元論那天，敗北的神明全都被視為惡魔。

身為位在羅馬帝國邊境之地——猶太的地方民族宗教分派之一，實在是相當微弱存在的基督教，能夠堅忍超越當時繁盛眾多的希臘宗教群，最終確保其世界性宗教的霸權不過花了四世紀，此事實不管怎麼說應該都很驚人。雖然宗教史家法蘭茲·庫蒙（Franz-Valéry-Marie Cumont）有句名言：「如果基督教沒有勝利，密特拉教就會取而代之支配全世界」，總之基督教勝利了。

基督教採取不妥協的態度對應偶像崇拜與惡魔，將異教的神明完全驅逐到惡的世界。熱心傳教的聖保羅於《哥林多前書》說過：「外國人供奉物品不是奉獻給神，而是奉獻給惡鬼。」異教徒為了這些惡魔犧牲奉獻、親近示好，也就是說不停受到將惡魔神格化的誘惑。即使是猶太人，也很難逃離這種誘惑。

據說一神教起源於古老的二元論。猶太的一神教自巴比倫囚虜*之後，不得不默默受到所謂阿胡拉·瑪茲達（祆教的善神）與阿利曼（惡神）爭鬥的二元論信仰影響。有關於由魏爾黑姆·布瑟特（Wilhelm Bousset）為代表的宗教史學派所主張、在基督教中伊朗二元論影響的問題，仍舊留下許多尚未解明的部分，不過基督教是否不得不承認天國與地獄間的決裂、天選者與墮落者間宿命般的分裂，也起因於無法完全抹滅這種古老二元論的特性。儘管基督教像這樣否定了與神對立之惡的永恆不朽，卻更加接近肯定天使國度與惡魔國度共存的猶太法典思想或者卡巴拉思想。

猶太法典及卡巴拉中，記述了眾多有關惡魔的起源、名稱及惡行，而《聖經》中也充滿了暗示惡魔力量的描述。不僅亞當的墮落是象徵惡魔之蛇誘惑引起的，該隱殺人恐怕也是由於看不見的惡魔所教唆。耶穌也不得不在荒野抗拒撒旦的誘惑，甚至經常要驅逐出附身在人體內的惡靈。《新約聖經》中惡靈又稱為「汙穢之靈」，也就是說，孕育出這種聖經傳說的土地也好，包含伊斯蘭、東方、斯堪地那維亞在內，猶太以外的周遭世界民間風俗豐富之處，不外乎是惡魔學傳統的搖籃。基督教教會本身無法完全禁止、壓制眾多傳統教義的情況下，加上將基督教教義與之重疊融合，便實際誕生了一種有如宗教方面的共生體。基督教教會無法抵抗可回溯到史前時代，將大自然的殘暴力量人格化的信仰，只好將那些惡魔般的力量編排在新秩序中。

比方拿基督教的惡魔與斯堪地那維亞的火之魔神洛基來比較，兩者間的相似性應該很明顯。洛基也像撒旦一般詭計多端，喜歡誹謗中傷、做壞事與背叛他人。而與伊朗神話中德弗（daēva，惡靈）的君主阿利曼（Ahriman，安哥拉．曼紐）相比較，更類似於基督教惡魔。根據《阿維斯陀經》（Avestā）所記載，惡神阿利曼很類似誘惑耶穌基督的撒旦，祂向瑣羅亞斯德出了難題，又說甜言蜜語企圖誘惑他。如此看來，也可以理解基督教惡魔的性格絕對不是獨創的，而是混雜了地中海岸、日耳曼與波斯薩珊王朝等的神話或風俗民情，全世界皆然。

＊ Babylonian Captivity，是指古猶太人被擄往巴比倫的歷史事件，猶大王國被新巴比倫帝國國王尼布甲尼撒二世征服，大批猶太人被擄往並囚禁於巴比倫城。

惡魔的希臘語稱為代蒙（daimon，意為超自然的存在、精靈），拉丁語稱為迪亞波羅斯（diabolus，意為中傷者）、希伯來語稱為撒旦（意為敵對者），如這些名所示，可說是無國籍、遍布世界各地。

非洲出身的護教士米努修斯．菲利克斯（二世紀末到三世紀中葉）在其對話篇《屋大維》[5]中定義了何謂惡魔：「沉溺於喪失自然樂趣的惡德中，隨意將他人誘惑至惡德無法自拔，放浪成性的邪惡之靈」，確實惡魔的性質中不可不提的，可說是放浪成性這點吧！

話說回來，隨著基督教在西歐世界成功打造出穩固的地盤，也逐漸確立了基督教特有的地獄與叛逆天使墮落的觀念。正如前所示，叛逆天使墮落的觀念並非基督教所獨創。然而在埃及或希臘羅馬的世界，神明與巨人族之間大型的天上戰爭——也就是「巨人族之戰」的視覺呈現極端地少（例如別迦摩神殿的簷壁飾帶），相對來說基督教藝術品中類似作品數量相當多，值得注目。接下來說明「巨人族之戰」受到基督教影響的呈現方式。

位於拉芬納大主教邸的六世紀馬賽克鑲嵌畫中，描繪的是勝利的耶穌基督，腳踩著蛇與獅子。這種情況下，蛇與獅子明顯象徵著惡魔的兩種性質——奸詐狡猾與凶暴。

此處沒有餘裕一一說明蛇的符號體系，不過蛇在基督教的文意中代表誘惑或原罪的汙點應該能充分理解。簡單說，這裡指的是善的原則壓倒性地勝過惡的原則造成問題，那麼我們可以透過

圖10　作為惡魔前身東方風格的龍，
《班伯格啟示錄》，
十一世紀初，班伯格圖書館

圖11　馬丁．尚高爾
《耶穌基督下地獄》局部，
法國科爾馬市，恩特林登美術館，
（臀部上有臉的惡魔）

十五世紀末的卡爾帕喬、拉斐爾、貴鐸・雷尼到十九世紀的安格爾，在西歐所有畫家的作品中重新發現這個主題。所有主題為聖徒或聖女降伏展現惡之原則的龍都可說是其變化版，因為甚至連消滅斯芬克斯的伊底帕斯、擊退戈爾貢的柏修斯，似乎能在這種情節中找到定位。在此領域中，基督教的大天使也好，希臘的英雄也罷，幾乎沒有細微的差別。

另一方面，翡冷翠新聖母瑪利亞大教堂的壁畫（十四世紀）與尚・富凱（Jean Fouquet）的細密畫中，身穿甲冑正要打倒路西法的聖米迦勒展現出宗教融合不同的面向。換言之，這既是貼近《啟示錄》正文的一面，也可謂忠實轉譯出聖約翰幻想的印象，或許不如說中世紀惡魔藝術品大部分都承續了這一面。

其中聖米迦勒對抗的是「有著七個頭、十個角，頭上戴著七頂王冠的巨大紅龍」，龍的尾巴「將天空中三分之一的星星掃到了地上」。這個場景也就是汲取貝亞圖斯手稿（Beatus manuscripts）情節，算得上羅馬式手抄本藝術的亮點，著名的《聖瑟韋啟示錄》（巴黎國立圖書館，十一世紀）、《瓦雅多利德大學啟示錄》（十世紀），或《摩根圖書館與博物館啟示錄》（十世紀）也都是直接生動地抄寫聖約翰的手稿而來的。

然而，《啟示錄》中天使對抗惡魔的形象本身以自主運動的方式，往複雜且怪異的方向演變了。位於其頂點且點綴惡魔般中世紀最終幕的，就屬接續文藝復興時期法蘭德斯畫家——老彼得·布勒哲爾所畫的《叛逆天使的墮落》（圖12，一五六二年）其中已不見用龍來表現的爬蟲類惡魔身影，而是化成大量毛蟲、蝴蝶、青蛙、魚類或蝗蟲等幻想的形態，天使交錯飛翔，用劍辛苦斬殺著雜種怪物。早期拜占庭的惡魔概念就像被新的雜種怪物所取代一般。

圖12　老彼得・布勒哲爾（Pieter Bruegel de Oude），
《叛逆天使的墮落》，十六世紀，比利時皇家美術館

書目註記

1. The God of the Witches, Margaret Alice Murray, 1931.
2. Sumer : the Dawn of Art (The Arts of Mankind), Andre Parrot, 1961.
3. Theogony Hesiod, 730-700 B.C.
4. Inferno, Dante Alighieri, 14th C.
5. Octavius, Marcus Minucius Felix, 197.

圖13　長相怪異的惡魔，蘇雅克的半月形龕楣，十二世紀

惡魔肖像學

圖14　法國威澤雷，聖瑪德林大教堂廊柱，
柱頭上的惡魔，兩隻惡魔正在互毆

眾所周知，因為叛逆罪被逐出天國的惡魔撒旦，曾經是名字意為「晨星之子」的權天使路西法。換句話說，惡魔是「從天上殞落的黎明之子」（《以賽亞書》），也是「拋棄自身居所的天使」（《猶大書》）。神將撒旦與其追隨者放逐到地獄底層，然而同時也認可祂在地上擁有強大的權力。如此一來根據《聖經》的描述，祂便成了「這個世界的君王」，此後地獄與地上都成為祂的活動範圍。撒旦在人類的國度徘徊，讓人類受苦、引誘人類作惡。關於這點，應該沒有像下列《約伯記》的文章寫得更清楚了：

「某天神之子到來，站在耶和華面前，撒旦也在其中。耶和華問撒旦：『你來自何處？』撒旦回答：『我在地上徘徊，往來各處。』」

因為有機會就引誘人犯罪、不停「在地上徘徊」是惡魔的工作。在無數部下的守護下，祂絲毫沒有瞬間怠忽職守。從最初墮落以來，撒旦的眷屬便布滿了地上。根據十六世紀惡魔學家約翰．魏爾（Johann Weyer）的計算，據說惡魔總數為七百四十萬九千一百二十七個，其中有七十二個王公貴族，分成一千一百一十一個軍團，各軍團擁有六千六百六十六個士兵*。魏爾身為文藝復興時期的人文主義學者，同時也是深受克雷弗公爵信賴的侍醫，非常認真地計算這些數字，所以相當令人吃驚。

＊ 該書中說１１１１、６６６６出自約翰．魏爾的《De praestigiis daemonum》的附錄〈Pseudo-Monarchia〉（The false kingdom of the demons）。

話說回來，與魏爾同時代的那位宗教改革者——馬丁．路德，還是堅信實際存在著惡魔，主張惡魔棲息在善於模仿人類的鸚鵡或猴子身上，他在瓦特堡翻譯《聖經》的時候曾在房間角落看到惡魔的身影，或者惡魔曾將墨水罐砸到他頭上等也是非常有名的軼事。

撒旦能隨心所欲地變化，人類也好動物也罷，甚至還能變身成物體。之所以有這種意見，是根據十六世紀惡魔學家亨利．伯格（Henry Boguet）的看法：「惡魔能夠『用空氣以外的元素構成肉體』」。是說根據普賽羅斯（Michael Psellos）、特里提米烏斯（Johannes Trithemius）、德．里奧（Del Rio）等學者的說法，惡魔可根據其棲息場所分為六種，也就是火性、空氣性、陸性、水性、地下性與暗黑性——這種概略的分類是從中世紀到十六、十七世紀的基督教惡魔學又更進一步地研究。

教會為了鞏固民心需要恐懼，因此教會政治的官僚主義者很迅速地接受惡魔附身的故事。為了信仰，將號稱見過惡魔的妄想症患者與精神病患的告解都拿來利用。如此一來，個人的幻覺馬上變成群眾性的，與潛藏在民眾心底的群眾性潛意識結合，在中世紀社會一口氣爆發。

不僅民眾，就連聖伯納德到路德等受過教育的人都號稱曾經與惡魔親切地交談，因此事態才沒有想像中的單純。

以往教會不曾把鄉間的迷信與惡魔附身的妄想當一回事，直到九世紀末聖多瑪斯．阿奎那

（《神學大全》1）如此寫道：「正統信仰承認惡魔的存在，有可能因為惡魔的運作妨礙了人類性交」，終於由於教會以內部防衛上的需要，將民俗方面的迷信融入教義與法令化。不用說，這就是將流傳於鄉間的愛情詛咒迷信法令化的結果。此法令到了十三世紀以後，尤其十六、十七世紀，與異端審問的火刑臺一起迎來教會極端殘忍的教化，相信各位也很熟悉。

如此一來，明明惡魔的幻影有可能隨處充斥，但西歐造型藝術的歷史中，不知為何將惡魔表現為長形、沒有具體形狀。基督教初期幾乎不會呈現惡魔的樣貌，不曉得是沒有刺激藝術家的創作欲望呢？還是實例跟歲月一同逝去，未在我們手邊留下任何痕跡呢？無論如何，正如艾米爾．馬勒（Emile Mâle）所說：「地下墓穴的藝術不知何謂惡魔」（《法國十二世紀時之宗教藝術》），說不定大多數藝術家都猶豫過要不要畫出惡魔對抗耶穌基督的姿態。羅馬的聖彼得與聖馬賽林努斯墓窖（第十四室，三世紀末）中，有描繪誘惑亞當與夏娃的壁畫，其中創世紀蛇的出現勉強可算是展現惡魔的行為。正如艾米爾．馬勒所說：「一切仍舊光明燦爛，完全沒有讓人預知暮光時代終將來臨的徵兆。」

惡魔最初以人類外形呈現是在六世紀、上埃及巴維特的壁畫中（圖15）。本世紀初從沙漠中挖掘到禮拜堂的挖掘者J．克雷達（《巴維特的修道院與墓窖》，一九〇四年）推斷，描繪在其牆壁上的天使像是惡魔的畫像，也有人不同意（例如J．勒華的論文），如果這是基督教惡魔最早期的形式，那麼科普特藝術與拜占庭的呈現方式相同，更沒有刻意讓惡魔變形。實際上，此惡魔畫像一點都沒有後代惡魔的邪惡相貌，只不過像衣索比亞人一般膚色較黑，嘴角帶著皮笑肉不笑似的表情。

東方教會或拜占庭的細密畫中，墮落的大天使背負著尚可見到過去奢華的黑色後光，賴興瑙派福音書註解的插畫（十世紀末）中，也畫著墮天使手拿權杖的樣子。即使墮落了，惡魔也曾經是天使，完全沒有失去神的身影。此外，當時被藝術家視為依據景仰的沙漠教父——不論是聖帕科米烏斯（Pachomius）、聖安東尼還是聖西蒙，都沒有見過惡魔恐怖醜陋的面貌，只見過化成美女、天使或美少年，身姿優雅的惡魔幻影。有時惡魔也很大膽，連耶穌基督的樣貌都敢借用。然而從忠實翻譯教父記述的藝術家畫筆下，誕生出了不恐怖的惡魔形象，他們大概沒有意識到將惡魔畫得特別醜陋的必要吧！

從大約西元一千年左右起，情況突然轉變。不用說，這年剛好是根據基督教至福千年說的世界毀滅之年，俗稱「西曆一千年的恐懼」，這時代每個人都在害怕世界末日的到來。以該年為分界，此時的惡魔拋棄以往如墮天使弱不禁風、優雅的身影，化成身為真正恐怖、醜陋的嶄新姿態登場。

安德烈．布勒東寫到：

圖15　巴維特（上埃及）的壁畫，
六世紀（最初畫成人類的惡魔）

「民眾歷經少見的西曆一千年的恐懼之後，基督教等關鍵性的社會組織在當時封建時代中，暫時對惡魔宇宙的存在視而不見。」

——《魔法般的藝術》2

也就是說，從藝術史來看其開啟了羅馬式藝術時期的序幕。

當時在勃艮第地方聖雷哲修道院中，一位名為拉烏爾．格拉貝的修道士寫下了彷彿某種詭異小說的惡魔實際見聞錄，這正象徵性地訴說了西曆一千年之恐怖，可謂理解當時精神方面氛圍的貴重資料。

「在我睡覺的床腳，能看到有個化作人形的小小怪物。當我更仔細地確認，看到那傢伙有著細長的脖子、消瘦的臉頰、漆黑的眼睛、布滿皺紋的額頭、扁平的鼻子、巨大的嘴巴、腫起似的嘴唇、又尖又短的下巴、山羊的鬍鬚、聳立著的雙耳、堅硬蓬鬆的頭髮、狗一般的牙齒、突出的後腦勺與厚實的胸膛與背部，穿著輕薄髒汙的衣物，動作有如瘋子般粗暴。」

——《年代記》3

根據格拉貝的描述，惡魔又向修道士說：「你可不應該長久停留在這裡」。格拉貝嚇到跳下床鋪，跑到祈禱室後，他跪在祭壇前祈禱了好長一段時間。對不得不在意西曆一千年的格拉貝而言，沒有比撒旦更恐怖的存在了。

「像這樣讓修道士恐懼的惡魔形象，正是千禧年信仰最完全的呈現方式之一」，羅蘭・維勒內夫如此表示（《藝術中的惡魔》[4]一九五七年）。《彼得前書》則寫道：「務必要謹慎，要警醒。因為你們的仇敵魔鬼，如同咆哮的獅子，走來走去，尋找可吞吃的人。你們要用堅固的信心抵擋它。」這種思想，不外乎是邏輯性的結論。

也就是說，這是禁慾修道士恐懼惡魔、保護自己不受惡魔侵害的欲求太過激烈，一不小心就相信祂是實際存在的，如此就可見各種惡魔姿態的被害妄想幻覺。格拉貝不算是禁慾的修道士，不過即使如此，也傳達出了恐懼心理。當時人的生活可認為是存在於混雜著絕望與奇蹟、恐怖地獄與救贖希望的時代之下，助長了支配眾人般的瘋狂。飢荒、黑死病、瘟疫與戰爭等等……細數當時社會性的災難，便可輕易說明這個時代的瘋狂。昂里・弗希雍的《西曆一千年》（一九五二年）[5]中，依序詳盡暗示世界末日的不祥前兆與變異頻繁發生，民眾的恐懼到達了頂點的情況。「精神最古老的層面中總是潛藏著史前時代的人類，由於時代的痙攣，偶爾顯露出荒誕的姿態」，弗希雍如此明確地描述。

雖然當時的人們極度恐懼陷入摩尼教的思考方式，然而實際上，或許能認為他們在內心深處無意識、默默地渴求著以二元論的見解來解釋這世界。看不見的王國中善與惡的軍隊相互爭鬥，這種信仰似乎深深地駐紮在他們的內心深處。他們深信不疑《啟示錄》的言詞——「千年終結後」的惡魔軍隊將從牢獄中解放。

就這樣，在諾曼海盜與撒拉森人的掠奪之後，誕生了莫瓦賽克、蘇雅克、威澤雷等地的雕刻，恐怖的羅馬式藝術如有毒花朵開始綻放。時至十一世紀，《聖瑟韋的貝亞圖斯》中繪製的細密畫（拉丁語版第八八七八第一四五頁）處，胸口用紅字刻著姓名的惡魔展露出異樣的容貌。艾米爾·馬勒指出貝亞圖斯手稿與羅馬式雕刻的類似之處，威澤雷的柱頭上也可發現頭髮如火焰般豎起、張大嘴巴、伸出舌頭、露出絕望表情的同種惡魔（圖16）。羅浮宮的G·巴贊將這威澤雷的惡魔與日本奈良時期的四天王像（圖17）比較，將前者當成後者的弟弟（《惡魔的形態》）。

這時代的矮小惡魔經常可見的特徵是在腳跟處長著小小的翅膀，無論是法國奧頓的柱頭（魔法師西蒙的墮落）、蘇雅克的半月形龕楣（泰奧菲洛的奇蹟）或者博略的入口側壁（耶穌基督的考驗，圖18），甚至在後代德國班伯格及法國漢斯等處也能見到，與其說那是翅膀，不如說更接近無意義的突起物。這個惡魔的小翅膀在伊特魯斯克的陶壺上已有類似的例子。此外，羅馬式惡魔豎起的頭髮不僅日本的四天王有，中國唐代雕像或高棉藝術中的惡鬼也有共通的樣貌。

然而，惡魔要從單純長著小翅膀、卑賤醜陋之物幻化為支配整個世界的黑暗王者地位，不得不依賴哥德精神方面的秩序。如果羅馬式藝術的恐怖源自孤獨的修道院精神病理學形態，哥德的恐怖則是源自已確立的信仰——無所不在的惡魔。魔王好像會睜大銅鈴般的眼睛，毫不留情地踐踏罪人，用手抓起難以超渡的靈魂狼吞虎嚥，變成類似塞姆族的魔神摩洛，或者印度的千手惡鬼般的存在。基於這種惡魔概念的進化，喬托（Giotto，帕多瓦的競技場禮拜堂）、奧卡尼亞

圖16　威澤雷柱頭的惡魔，
十二世紀（頭髮豎起）

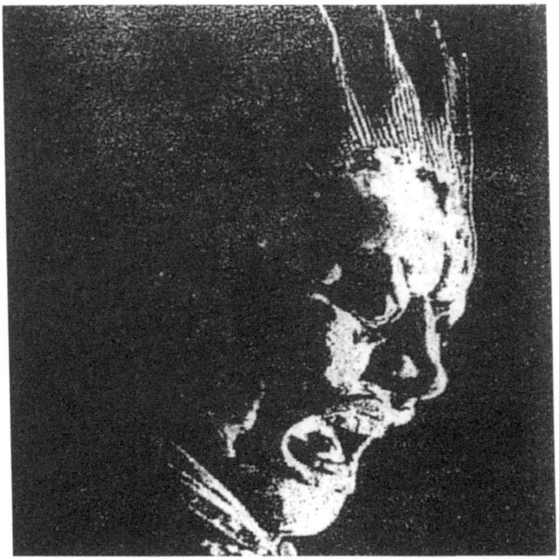

圖17　四天王，奈良時代，
吉美博物館
（請試著比較威澤雷的惡魔）

圖 18　博略入口側壁的惡魔《耶穌基督的考驗》，
（腳跟處有個小小翅膀）

（Orcagna，新聖母瑪利亞大教堂）與希紐列利（Luca Signorelli，奧維耶托大教堂）的壁畫藝術終於綻放出燦爛的花朵。

隨著靈魂中惡魔的領地增加，石頭上惡魔的領地也跟著增加。的確，亞眠的《美麗之神》與《聖費爾曼》、波微的耶穌基督與蘭斯的天使環繞著榮光，裝飾在各教堂的正面。

然而，一旦將視線看向聖壇深處、其他暗處柱頭的附近，就會立刻抵達由恐懼支配、令人戰慄的不同次元。即使再有信心的靈魂，都必須看著這恐怖的對象。奧塞荷主教教堂合唱團附近的位置可見到惡魔嘲諷般地歪嘴、向祭壇吐舌頭的表情。這個現象該怎麼說明呢？答案就是因為教會需要利用對罪與罰的恐懼，而展現出惡的形象，這點無庸置疑。古騰堡認為這是以前沒有其他手段的教會祭出的苦肉計。湧現《地獄草紙》的悲慘、色情幻影的想像力奔流不止，彷彿看不見終點。終至格呂內瓦爾德、波希，走上歡迎大批揚起勝利歡呼惡魔的新局面。

無論如何，難道還有比巴黎聖母院上嘴大歪斜、垂下乾癟乳房的惡魔，或者蘭斯眼窩凹陷、肋骨突出表情痛苦的惡魔（大教堂北塔的女兒牆，圖19）更醜陋的生物嗎？前者勉強算是聖殿騎士的守護神，類似具男女雙性的巴風特（Baphomet），後者則是接近古代異教世界中淫靡的薩堤爾（Satyrus），兩者都明顯呈現出野獸的性質：在特華的聖於爾班教堂中，惡魔有山羊的頭；夏特的惡魔則是狗首，長了驢馬一般的長耳朵；在迪南的聖馬洛教堂中，惡魔變成蝙蝠支撐聖

圖 19　蘭斯大教堂北塔的惡魔，十三世紀
（突顯肋骨沉醉於自慰中的惡魔）

圖20　安德列亞・達・翡冷翠《落至冥府的耶穌基督》，
十四世紀，新聖母瑪利亞大教堂的壁畫

水缽；在秀維尼的聖皮耶赫教堂（羅馬式），惡魔則變成食人鳥啄咬嬰兒。如此高唱精神調和的十三世紀，就像野蠻的畜生道一樣，多麼精采輝煌的時代啊……

惡魔完全喪失身為天使的屬性，形成半人半獸，也就是所謂「雜交」（hybridization）的時期終於到來，這是人類的幻想能力結合神學必經的過程。天使柔順的羽毛變成爬蟲類的鱗片，透明的翅膀變成長滿棘刺的軟骨。新聖母瑪利亞大教堂的壁畫中，有幅長著有如蝙蝠一般翅膀的冥府惡魔，看到耶穌基督的臉之後驚恐不已的圖畫（安德列亞．達．翡冷翠所繪《落至冥府的耶穌基督》，圖20）。不用說，這個主題出自次經的《尼哥底母福音》（Nicodemus），先在拜占庭世界擴散，十三世紀以後再傳至西歐，因此從這層意義來說，該主題也包含了雜交的東方起源說。

蝙蝠翅膀的惡魔最早出現在中國周朝的青銅器裝飾或者李龍眠的繪畫中，之後也出現在喬托、波希或其他怪誕作家的作品裡。東方神話與西歐藝術的交流變得顯著是在蒙古西征之後，西元一三〇〇年左右開始。

話說回來，看看卡羅．科里魏里（Carlo Crivelli）的惡魔（十五世紀，圖21）就好，簡直像是長著陰險邪惡人臉的爬蟲類。

圖 21 卡羅・科里魏里《聖米迦勒與惡魔》局部，十五世紀，倫敦國家美術館（怪誕姿態使人聯想爬蟲類）

圖22　杜勒（Albrecht Dürer）《騎士與惡魔》局部

圖23　《大天使米迦勒與惡魔》，
十五世紀，亞維儂派，卡爾維博物館
（長著蝙蝠翅膀、鳥的下半身的惡魔）

圖24　沙夫拉的聖米迦勒，
十五世紀，普拉多博物館
（惡魔是《啟示錄》風格的龍型）

作為專門襯托聖米迦勒的角色，臉朝上平躺還被雙腳踩著的惡魔，內心被抑鬱與憤怒攻擊至體無完膚，銳利的爪子也無法抓住大天使的腳將祂拖下撕裂，痙攣的手腳肌肉組織有如鳥類或蜥蜴一般，更增添了怪誕的效果。有位被稱為聖塞巴斯提安大師的十五世紀亞維儂派畫家嘗試用跟這幅圖幾乎一模一樣的構圖，不過這幅圖的惡魔更接近鳥類，看得出其下半身羽毛生長得更加細密（圖23）。此外，與沙夫拉的聖米迦勒中呈現龍型的惡魔（十五世紀，圖24）相比，差別多麼大啊！

到了格呂內瓦爾德（《聖安東尼的誘惑》，圖1），單純的蝙蝠、爬蟲類原型被更複雜、真正幻想的妖怪取而代之。分析自埃及擴散到印度的「誘惑」主題，巴爾特魯沙帝斯表示：

> 「伊森海姆祭壇畫（一五一六年）中顯現的惡魔，幾乎都屬於森林中的生物。惡魔的毛髮有如枯葉般豎起，頭上長著堅硬的植物。」
>
> ——《幻想的中世紀》[6]

十五世紀惡魔藝術的巔峰為格呂內瓦爾德的《森林博物誌》。在往後的法蘭德斯或德國，眾多畫家一個個展開了奇形怪狀惡魔的遊行。

在埃及科普特地方流傳的「聖安東尼傳說」，其發源地剛好是與東方宗教的交叉點，跟所有亞洲神話學自然而然地同化。然而對歐洲畫家而言，此傳說不過是為了解放受到禁止的惡魔類幻想的藉口。壓抑不了的想像力尤其展現在北方的康拉德．維茲以及巴黎的居由．馬尚的作品（女性的骷髏之舞，木版畫）中，產生惡魔極度人性化、解剖學方面粗鄙下流的探尋，最終落於頹廢式微。惡魔都像十六世紀惡魔學家約翰．魏爾所見到的，只呈現出渾身烏漆墨黑、體型巨大的樣子。接著就這麼到了文藝復興，也就是進入人類復活、惡魔死亡的時代。

宗教改革、批判《聖經》原典、破壞聖像、妖術信仰、農民請願起義相繼在同時期發生，教會深刻感受到採取措施的必要。如果置之不理，畫家無邊無際、違抗宇宙真理異端邪說的想像力，說不定會讓惡魔的狂亂悖理浸染到教會所有地方——因此「特倫托宗教會議」（一五六三年）頒布規約主旨便表示：

「錯誤的教條引人誤入歧途，無論何種畫像皆禁止置於教會內。」

以這年為界，宣告惡魔的宗教藝術終結，往後無論是阿爾欽博多風格的象徵，或者有寓意的「美德與惡德的爭鬥」，都藉著古典神話帶出其隱喻。換句話說，這正是巴洛克時代的黎明。

書目註記

1. Summa Theologica, St. Thomas Aquinas, 1485.
2. L'Art magique, André Breton, 1957.
3. Historiarum, Raoul Glaber, 1596.
4. Le Diable dans l'art, éditions Denoël, Roland Villeneuve, 1957.
5. L'An mil, Henri Focillon, 1952.
6. Le Moyen Âge fantastique, Jurgis Baltrusaitis, 1955.

圖25　長相怪異的惡魔，蘇雅克的半月形龕楣，十二世紀

冥府與啟示錄

圖26　巴黎克里希市的地獄夜總會，
二十世紀的商業頭腦也利用地獄

值得注意的是，大部分古代宗教會將惡魔與其從屬放逐到世界邊境，在邊境與人類世界之間畫出明顯的分界線。希臘人認為地獄是浩瀚海洋的另一端；羅馬人則認為是在義大利庫麥附近所謂的阿維諾湖（Lago d'Averno）——會噴出硫磺的火口湖底部；埃及人、亞述人與以色列人都有符合各自民族性的地獄概念。就這樣，古賽姆族認為地獄是惡魔、怪獸、假預言者永遠受苦之場所的世界觀逐漸擴散，從共通地獄信仰中誕生出以猶太教傳統書寫的《以諾書》、各種《舊約》次經與《啟示錄》文學。

只不過基督教傳統中的地獄概念更複雜又巧妙的地方，即是身為神之子的耶穌基督不僅投身將人類從現世生活解放，更毀滅自己的肉身以破壞惡魔的王國，展現出雙重否定性。這是由於惡魔將榮光之王耶穌基督釘在十字架上而受到懲罰，也有贖罪的意義，而且如果惡魔一開始就屈服，便絕對無法成就耶穌基督的贖罪。據《希伯來書》所寫，耶穌基督之所以擁有血肉之軀，是因為「要藉由死亡且敗壞的死亡掌權者——魔鬼，釋放由於恐懼死亡而一生成為奴隸之人。」

此處便有將惡魔與死亡同化，以此為出發點產生基督教特有的信仰條款：為了拯救落入地獄的義人，耶穌基督死後落至冥府此一教義上重要的主題。這並沒有記載在《聖經》正典，而是記載在次經的《尼哥底母福音》中，自尼西亞的宗教會議之後制定為教義。所謂冥府（limbus），正確來說並非地獄本身，而是耶穌基督到來之前，已故舊約時代義人，或者接受洗禮前便死亡的幼兒所待的場所。透過如此將地獄分成兩階段，基督教解決了救世主出現之前的歷史矛盾，並且完成了包含地獄概念在內的精巧悖論。

填補耶穌基督埋葬在墓裡到復活這段空白期間與落至冥府等主題，首先出現在五世紀拜占庭藝術中所謂的「復活」（Anastasis），並出現在福基斯的聖路加教堂、基歐斯、達夫尼的修道院（都在十一世紀），或托爾切洛島的長方形教堂（十二世紀）。這些壯麗的馬賽克鑲嵌畫展現的耶穌基督臉龐光亮耀眼，浮現在整片金色的地上，祂單手拿著帶點藍色的希臘十字架，打破地獄之門，救出亞當與夏娃。其中沒有地獄守門人的身影，被拯救出來的舊約族長齊齊奔向天主。只有裸露著難看身軀的撒旦，有如被制伏的蠻族倒在天主腳下。

初期拜占庭的肖像學中讓人預想到遙遠將來的《最後的審判》圖，光靠著耶穌基督落至冥府的勝利，以及惡魔輕易的敗北，恐懼的印象便已足夠。然而隨著時代更迭，對惡魔與地獄的想像發生變化及預言《啟示錄》，歸結出放逐於地上的惡魔行動強大的印象。貧困、黑死病與惡魔附身等，正好是培養誕生出新恐懼想像力的現世基礎。

以基歐斯島上新修女修道院（十一世紀中期左右）的馬賽克鑲嵌畫為代表，西歐畫家輕易地模仿了拜占庭的冥府概念，但他們最終將冥府的概念變成了真的「地獄」。南特伊聖物容器的琺瑯裝飾，以及曼斯教堂的玻璃彩繪（十二世紀）中，明顯有著令人聯想到達夫尼或托爾切洛樣式的耶穌基督落至冥府基調；利摩日的聖馬修爾細密畫（十二世紀）中，則描繪著裸體的亞當與夏娃正從惡魔利維坦（Léviathan）的血盆大口跑出來的樣子。這是起源於舊約《約伯記》的主題，表現救世主用鈎鉤卡住怪物的下巴、穿過怪物噴發熱氣的鼻孔，將地獄之門丟進海底，拯救出義人的畫面。

受到何西阿預言啟發，羅瓦榭地區的聖賈克德蓋雷的構圖中也出現了幾乎完全相同的主題。正如盧昂大教堂正面玄關的半月形龕楣中所呈現的，此處也可見到地獄的癩蝦蟆整群撲到耶穌基督身上、撒旦變成有如獅子般渾身毛茸茸怪獸的樣子。此外在韋格爾河畔阿斯尼耶荷地方的薩特教會，撒旦則變成三頭怪獸克爾貝洛斯的外觀。拜占庭簡樸的樣貌逐漸變得複雜，藉由讓人聯想到維吉留斯與但丁的各種古代怪獸印象來增添色彩。

真要說的話，接近《聖經》傳統的是明顯保留拜占庭風格的杜賓根．薩克森派細密畫（十三世紀，圖27），以及新聖母瑪利亞大教堂西班牙禮拜堂中安德列亞．達．翡冷翠的壁畫（圖20，40頁）。前者忠於《約伯記》的主題，義人全身赤裸；後者的耶穌基督從背光中浮現，與前者相同，手中拿著象徵復活的十字架旗幟。如此簡樸的美麗畫面，與右端岩窟中不安地交頭接耳的醜陋惡魔形成強烈對比。惡魔面向被天主踩在腳下的惡魔領袖，似乎如下列所描述的憤怒嘶吼著：

「偉大的地獄之王別西卜啊，您將榮光之王釘上十字架。而今您已顯露瘋狂。耶穌基督的神之光芒驅散死亡的黑暗，以往因吾等責打虐待而呻吟者，如今不再承受吾等的侮辱。吾等的王國受到破滅毀壞。」

——《尼哥底母福音》第十三章

圖 27　《耶穌基督落至冥府》，
杜賓根．薩克森派的細密畫，
十三世紀，斯圖加特市立圖書館

利維坦張嘴展現的地獄隨著時代進展，透過西歐藝術家的手最終轉變成為怪誕風格，其中最極端的例子為十四世紀初的盎格魯－諾曼語《啟示錄》（土魯斯，圖28）。利維坦張大嘴巴追著死亡騎在馬上的身影，正如《啟示錄》第六章所述：「我看見一匹灰色馬；騎在馬上的，名字叫作死，冥府也隨他」，確實地如字面所示將其形象化。

接著巴爾特魯沙帝斯將惡魔命名為「雙頭戈爾貢」，同樣盎格魯－諾曼語初期的《啟示錄》（十三世紀初，圖29）中有幅插圖畫著伸長的兩個頭部下顎接合，一張血盆大口裡聚集了大量的怪異鳥獸與惡鬼。這個地獄有如巨大的女陰，也像是一隻軟體動物。巴爾特魯沙帝斯在西元前四世紀埃及塔羅斯聖甲蟲石雕上（圖30），發現了雙頭戈爾貢古早的起源。

我們可以在艾爾·葛雷柯（El Greco）的《非利佩二世之夢》（一五八〇年，圖31）中，發現這種奇異的《約伯記》怪魚主題反映出了近代。畫面右下角的惡魔利維坦張大嘴巴、露出獠牙，從鼻孔噴出強烈的氣息，拚命吞噬大量聚集的罪人。到這裡已經不是冥府，而是真正的「地獄」了……。

如前所述，冥府主題原本是從拜占庭世界藉由博韋的樊尚的《巨鏡》[1]、賈克·德·佛拉金的《黃金傳說》[2]（都是十三世紀）等擴散到西歐世界，而《啟示錄》的主題則相反，是起源於西歐世界的，直到相當晚期才綻放於拜占庭或俄國藝術。由於拉丁教會積極的護教士熱羅尼莫

圖28　盎格魯－諾曼語《啟示錄》，土魯斯，十四世紀

圖29　盎格魯－諾曼語《啟示錄》中的雙頭戈爾貢，十三世紀初（右圖）
圖30　古埃及的聖甲蟲雕刻（下圖）

圖31　葛雷柯《非利佩二世之夢》，
十六世紀，愛斯科里奧美術館

（Hieronymos，四世紀）給予高評價，所以《啟示錄》很早就成為《新約》的主要經典之一。而《啟示錄》在東方被視為次經，因此晚了西歐一千年才出現。

讓人聯想到《啟示錄》五世紀後的構圖，已出現在羅馬的城牆外聖保祿大教堂拱型牆上的馬賽克鑲嵌畫中，該幅圖以耶穌基督的臉為中心，搭配四個象徵性的活物。聖約翰的故事能在拉芬納或薩洛尼卡的馬賽克鑲嵌畫發現，也能在以阿爾坤（Alcuin）或「禿頭查理」（Charles Le Chauve）的《聖經》為代表、卡爾婁斯時期手稿的細密畫中頻繁地發現。之後羅馬式雕刻呈現出的氣勢雄壯，不過在此之前，我們最好也注意妝點在由吉川逸治先生介紹的十一世紀手稿中的細密畫《聖瑟韋的貝亞圖斯》，以及其大量的模仿品。從聖薩萬與聖吉勒的壁畫到木瓦沙克、博略的半月形龕楣大浮雕，最後則在始於羅馬馬賽克鑲嵌畫的啟示錄式幻想構圖到達顛峰。

然而從啟示錄式幻想中誕生的惡魔，主要被視作是從「冥府」構圖到「最後的審判」構圖發展階段中的過渡角色，所以「神之禮讚」構圖會往哥德式「審判」構圖昇華，最終沒有混入過多啟示錄式要素的羅馬式雕刻便不會再更進一步。

舉例來說，十四世紀中期左右，由安茹公爵路易（Duc d'Anjou）訂購，讓．班多爾（Jean Bandol）畫了底稿，於巴黎尼可拉．巴泰耶的工坊編織出安傑大教堂豪華的壁毯（圖32）。九十多幅圖在紅與藍鮮明的底色上，如實呈現拔摩島的約翰*奔放的幻想，路易．紀耶表示：「這是散發謎團與恐懼的鮮血與碧玉的畫面。」

以那頭其中早已在博略的正面入口處（一一四〇年之前）展露出怪異的姿態、後來杜勒發揮才能刻成木版畫、變幻自在的「七頭龍」為首，文藝復興時期的藝術家按其喜好，妖豔又鮮明地描繪出「騎乘灰馬的死亡」、利維坦口中燃燒的罪人、崩壞的城鎮、業火、地震或者其他《啟示錄》中無數令人戰慄的情景。

正因為天地有重大變異，在此時刻轉變的惡魔宇宙，可謂替中世紀樸素的超現實主義點綴了更亮眼的特徵。一千年間受到放逐、磨難的惡魔，隨著天使的號角從世界各個角落聚集於此處，品嚐著神明瞋怒的葡萄酒所帶來一次又一次的苦悶。

能與安傑壁毯上妖豔詩篇相匹敵的，恐怕只有一四四八年時根特聖彼得修道院神父菲利浦・庫洛（Philippe Couraud）所訂製的《花之書》[3]細密畫（圖33）了。所謂「Liber floridus」，意思是「花朵盛開之書」，為一一二〇年時由聖奧美的修道士朗貝爾編著，迎合時代意向喜好、產生眾多仿造品的一種百科全書。雖然其插畫家不明，不過據讓・隆尼翁（Jean Longnon）表示，插畫者

＊ John of Patmos，聖經《默示錄》提到，其作者約翰當時被放逐在拔摩島（Patmos），他在那裡被耶和華上帝通過耶穌賦予默示，也是最早基督教傳統所認為的使徒約翰。

圖32　安傑的壁毯，十四世紀
（七個頭的龍從海裡出現，將權杖交給怪獸）

是凡・艾克（Jan van Eyck）派的巨匠沒錯，其中包含了十五幅美麗的細密畫，揭露了《約翰啟示錄》前十六章的內容。

隨著吹奏號角的天使出現，地軸震動，大海波濤洶湧，天空降下血雨，草木燃燒殆盡，魚類滅絕，燃燒的星辰墜落，天地一片晦暗。

後來大地開了個無底洞，從朦朧的煙霧中，飛出無數身體是馬、長了蝙蝠翅膀與人臉、頭戴黃金王冠的怪物。雖然《聖瑟韋的貝亞圖斯》手稿（圖34）寫著怪物是獅子頭，不過這裡跟安傑的壁毯一樣，怪物的頭部都是人臉。地獄之王亞巴頓（Abaddon）乘坐明顯巨大許多的馬匹，臉與身體是是猿猴，手腳的末端則是蛇的頭……。

十五世紀末出現的製版術是為了滿足市民階級能擁有繪畫而發達的嶄新簡便技術，版畫家理所當然選擇了貼近日常生活的題材。不用說，惡魔在托爾切洛的馬賽克鑲嵌畫，或者化成契馬布埃（Cimabue）筆觸的亞西西聖方濟各教堂壁畫等處，仍舊留存其特殊的角色。然而別的可說是補足了聖約翰故事的流派而出現在新庶民階級共有財產的《死亡術》、《窮者聖經》木版畫，則維持了舊羅馬式傳統。十五世紀的版畫藝術正可謂延續了貝亞圖斯手稿與《花之書》的啟示錄式傳統，懷金格（Johan Huizinga）曾說過：

「沒有其他時代像十五世紀時，死亡思想如此澈底深刻烙印在每個人的心中。木版畫滲入各

圖 33　《花之書》細密畫，尚提伊，貢代美術館，十五世紀（吹著號角的天使、頭戴王冠長了人臉的怪獸、猿猴姿態的地獄之王亞巴頓）

圖34　《聖瑟韋的貝亞圖斯》，巴黎國立圖書館，十一世紀（獅頭怪獸）

圖35　杜勒《啟示錄之獸》，
木版畫，十五世紀末（局部）

圖36　讓·杜維《啟示錄之獸》，
銅版畫，十六世紀

個階層，單純直接而且生動地描繪出死亡的理想樣貌給大眾看。」

——《中世紀之秋》

一四九八年出版了大量的杜勒十四頁木版畫集（圖35）也是自羅馬式藝術以來啟示錄構圖的依據，往後這會成為《啟示錄》主題的完美規範之一，傳承至文藝復興時期。盧卡斯．克拉納赫（Lucas Cranach）、霍爾拜因（Hans Holbein）只有對此稍加修正。

自十五世紀起到文藝復興時期，北法、德國的藝術在某種意義上可說是被啟示錄怪獸的印象附身。說起來這原本是自希臘文化的想像力出發，吸收初期基督教所有東方要素之後形成交融的結果，受到巴爾特魯沙帝斯批評不用說，據羅蘭．維勒內夫表示，這種怪獸在當時頻繁地出現，或許跟十五世紀末占星學家將反基督降臨之年訂為一五二四年有關。相較於南方啟示錄給人的印象，北方人受到其特有的神祕想像力，以及占星學造成宗教方面焦慮感的煽動，奇特的怪獸被賦予新的屬性，比方說法國最早的銅版畫家之一，狄德羅稱之為「獨角獸巨匠」的讓．杜維（Jean Duvet）所繪製的《圖解啟示錄》（里昂，一五六一年）中，披覆著厚重鱗片的「七頭龍」受到光明天使壓制痛苦不堪，此處將杜勒哥德末期般的描線木版畫搭配銅版特有的深淺濃淡，使效果更上一層，展現出勃艮第文藝復興的新神祕主義。

理性主義者聖貝拿爾（Saint Bernard，十二世紀初）曾說過：「這種結合美麗與醜陋的詭異怪獸究竟有什麼意義？這種很多頭的怪物，或是一頭二身的怪物在教會中有什麼作用？」他痛批羅馬式裝飾上啟示錄風格的猥褻下流，然而哥德藝術之後反而逐漸在大眾之間擴散滲透，使得人們趨於免疫。十四世紀到十六世紀的彩色插畫師，曾在曼德維爾的《驚異之書》[4]、普雷透呂烏斯（Praetorius）的奇幻遊記、安布魯瓦茲·帕雷的《怪物之書》[5]等作品中，隨自身喜好添加奇幻的插圖。早自十四世紀後半起，便有貝利公爵、勃艮第公爵等人文主義派的大貴族作為藝術家的後盾，助長此種傾向。於是北方文藝復興在所有裝飾藝術上都可見到詭異怪物不知不覺間猖獗蔓延，日後有機會再說明。

圖37　像猿猴的惡魔，布赫吉的半月形龕楣，十三世紀

書目註記

1. Speculum Maius, Vincent de Beauvais, 13thC.
2. Legenda aurea, Jacques de Voragine, 1481.
3. Liber floridus, Lambert, 1909-1120.
4. Book of marvels and travels, John Mandeville, 1915.
5. On monsters and marvels, Ambroise Paré, 1575.

最後的審判

圖38　《死者之書》，埃及第十八王朝

對中世紀的藝術家而言，《約翰啟示錄》是圖像豐富、取之不盡用之不絕的寶庫。啟示錄式的幻想從樸素的怪物表現方式進化到複雜多變的「審判」構圖，惡魔藝術的變遷也直接從羅馬式通往文藝復興。畫家反覆思慮、利用聖約翰的視野，逐漸擴展他們表現方式的領域。

審判的概念遠在基督教出現之前便已存在，而神在世界終結時一併裁決所有人類，也就是所謂「最後的審判」，則是基督教創始的概念。比方說埃及的《死者之書》中，審判是在每個人類死後個別進行的，審判過後馬上施行懲罰。此外在印度的《摩奴法典》等中，重點在於根據人一生的所作所為來裁決，基督教中則以人類生涯最後的悔改視為左右死後狀態的決定性因素。

這是基督教傳統嚴厲拒絕東洋特有輪迴思想的證據。同樣地，像是基督教所發想的藉由煉獄淨化罪惡靈魂，在東洋完全沒有容許這種觀念的餘地。然而在天國與地獄中間存在著所謂煉獄的概念，並非《聖經》所出，而是相對較新穎的想法。大概是直接源自原始希伯來思想的「火獄」(Gehenna) 概念，以及地獄惡魔給人強烈的印象隨著時代逐漸淡去，這種介於中間的觀念才趁機伸入神學方面理論的縫隙。不用說，中世紀時這種介於中間的觀念並不普遍，畢竟如果都是地獄的劫難與永遠的救贖之間的殘酷二選一，可想見審判之座塞滿上萬人是無法避免的命運。

《最後的審判》構圖遺留下來最古老的例子是殘存在羅馬梵蒂岡，被稱為《科斯馬斯的基督教地理誌》[1]中，這是百科全書細密畫的一種（七世紀），圖像學方面最早在西歐形成的是南德（上采爾、伯格費爾登的壁畫）。然而到確立此構圖變化的多數象徵性構圖為止，似乎都是利用以聖約翰或約伯故事為首的眾多《啟示錄》文字、次經，甚至教誨教化的《馬太福音》，所以要嚴謹地決定根據有其困難。

繼木瓦沙克、亞耳、聖地牙哥德孔波斯特拉（西班牙）等以啟示錄式主題打造出的羅馬式大浮雕之後，首先可舉出博略（十二世紀初）的正面裝飾，不過上面仍未描繪出真正的地獄。其下方的簷壁飾帶中有蛇、龍、熊及火焰獸等《啟示錄》中的怪獸分兩層排列，苛責拷打惡人，而上方的耶穌基督則具備自卡爾婁斯朝代以來古典樸實的威嚴，幾乎獨占了整個構圖。

到了聖丹尼（幼稚的惡魔排列在穹窿弧帶）、科貝耶與拉昂的正面門口，惡魔的領土明顯大了許多。然而真正展現出地獄的羅馬式雕刻傑作，是詭異獨特超群之貢克的聖富瓦修道院（十二世紀中期），以及奧頓的聖拉扎爾修道院（同樣在十二世紀中期）的兩片半月形龕楣浮雕。

貢克是連結法國與西班牙聖地的巡禮教堂之一，裝飾其正面的《審判》圖力道與結構巧妙，對中世紀圖像學有決定性的影響，也就是說這是日耳曼尼亞式審判圖的極致，刻著文字的龕楣下方明顯有著令人想起拜占庭象牙浮雕的質感（圖39）。下段的右側是怪魚利維坦從地獄之門中探頭，露出側臉，而怪魚的肚子裡則用剖面圖表示，中央有個長得像大猩猩的魔王坐鎮（圖40）。這條怪魚正是混雜了約伯記主題的怪物。

圖39　貢克的聖富瓦
修道院，正面門口

圖40　同扇門扉上部的
下段右側
（像大猩猩的地獄魔王）

圖41　奧頓的聖拉扎爾修道院，正面門口
（大天使米迦勒的測量靈魂）

在奧頓，令人想到伯格費爾登壁畫的極度延伸棒狀人體，加強了非現實的效果，可說是將恐懼感抽象化。其右側的部分為古老吠陀教或《死者之書》紙莎草上可見到的那個範例——「測量靈魂」圖，大天使米迦勒與惡魔在巨大的天秤兩端爭奪著力量（圖41）。

惡魔因痛苦而扭曲的表情像不像古代異教怪誕風格的模樣？或彷彿墨西哥藝術的面具呢？

所謂「測量靈魂」，是將死者的靈魂放在天秤的秤盤上秤重，判決死者要去天國或地獄，古埃及是由金狼神阿努比斯掌管這項業務，而基督教中引導靈魂的大天使米迦勒也擔任此角色。

東方藝術自古以來便已知天秤在宗教方面的利用方式，十八世紀的波斯文獻《維拉夫天堂地獄遊記》（ardA-virAf-nAmag，巴黎國立圖書館館藏）中也有天秤與樸拙惡魔的插圖，可知這個主題直到近代依舊影響深遠：西歐羅馬式藝術之後，先是出現在眾多手抄本藝術的加泰隆尼亞比克的祭壇畫（十三世紀，巴塞隆納美術館），接著在聖奈克戴爾、克勒蒙費宏的聖母大教堂、秀維尼的聖彼得大教堂等柱頭充滿寓意地呈現（圖42），最後與耶穌基督的審判圖結合，誕生了亞耳的聖托菲姆教堂以及奧頓的半月形龕楣等大作。

在相同主題的變體，例如以「皇帝海因里希二世靈魂之紛爭」為題的奧卡尼亞蛋彩版畫（新聖母瑪利亞大教堂，一三五七年）中，可見到高舉天秤、手中的劍往惡魔猛攻的大天使身影。這種天使進行攻擊的姿態，之後也可在義大利盧卡聖米凱萊大教堂的講壇裝飾、阿納卡普里教堂聖具室的木雕人像（十八世紀），或者前面引用過的十五世紀亞維儂派米迦勒像見到，在義大利這並非多稀有的使用實例。

不過在范德魏登（Rogier van der Weyden）的審判圖，或者被稱為「石竹畫家」的無名作者筆下的測量靈魂圖（圖43）中，可見到任何拉丁系畫家遙不可及、充滿北方藝術特有冷冽、透明美感的聖米迦勒容貌。之所以稱呼那位無名畫家為「石竹畫家」，是因為圖中有兩朵石竹花掉落在天使腳邊，這位法蘭德斯派的無名畫家賦予天使一種將猥褻的拉丁式熱情昇華後古典又毫無波瀾的表情，背景搭配常見的樹木與建築，將構圖縱向分為天上與地上兩部分描繪，前景出現因罪惡顫抖的裸體男女，以及三隻長著蜻蜓般翅膀的矮小惡魔。天秤秤皿上女性最後被判決進入天國，會變成雲端上合掌的善人同伴吧……

雖然有人指出十三世紀開始流行的艾米爾・馬勒神蹟劇是基於以往審判概念下，從嚴峻末日思想的悲觀主義轉變而成的樂天主義，不過的確單從惡魔的表現方式來看，即使中世紀中期到末期的雕刻家會模仿奧頓或貢克的原型，加上「死者復甦」等主題進一步發展構圖，但在恐懼或焦慮等劇烈的呈現方式上，並沒有超出羅馬式藝術直截了當的理想手段範圍。

圖 42　秀維尼的聖彼得大教堂柱頭（大天使米迦勒的測量靈魂）

圖 43　《最後的審判》
石竹畫家，蘇黎世美術館

無論在巴黎聖母院或者普瓦捷、布赫吉、非拉拉，都由某種恐懼免疫所支配，將地獄的氛圍變得世俗平凡。在斑伯格或梅因茲情況也一樣，逐漸受到惡魔枷鎖牽引的王公貴族、僧侶、中產階級者展露出彆扭蠻不在乎的自嘲模樣，無不被視為頹廢的徵兆。

然而將視線從浮雕藝術轉到壁畫時，又可感知到其中開拓的新展望。尤其義大利的喬托（帕多瓦，史格羅維尼禮拜堂入口背面的牆壁）與安基利軻（翡冷翠，聖馬可修道院）的審判圖，任何浮雕都比不上那些作品給人幻想、有深度的印象。羅馬式雕刻中僵硬包覆住耶穌基督身體，所謂「杏仁型的背光」只在安基利軻與瓦利尼（特拉斯特維雷的聖塞西莉亞大教堂）等少數例外中可見到，幾乎所有其他作品都是給人耶穌基督坐在彩虹上的明亮澄澈印象。漂浮在這空間的彩虹寶座是經過第十五世紀宗教畫約定成俗的附屬物。

觀賞安基利軻的地獄光景時，如解剖學剖面圖般細緻區分的構成，首先給人宛如身處切開某種巨大生物子宮內的印象。怪魚利維坦在最上層張開血盆大口，相對的，魔王位在最下層，有如敘利亞獻祭的神——巴力用雙手抓住罪人，並鮮血淋漓地大口吞噬。塔德奧．迪．巴托羅的《地獄》（一三九三年，圖45）正好相反，利維坦位於最下層，魔王則在最上層，以巨大的身軀支配了整個構圖。這兩幅圖都可見到準備好的豐盛大餐，而貪吃的罪人雙手被綁住，目的在於對其施予飢餓的懲罰。而在布赫吉的半月形龕楣已可見到呈現出灼熱地獄大鍋釜的前例。

圖 44　貝亞托．安基利軻《最後的審判》局部，〈地獄〉，翡冷翠，聖馬可修道院

圖 45　塔德奧．迪．巴托羅（Taddeo di Bartolo）《地獄》局部，聖吉米納諾教會修道院，壁畫

圖46　《地獄》馬賽克鑲嵌畫局部，翡冷翠洗禮堂

圖 47 《最後的審判》
馬賽克鑲嵌畫局部，托
爾切洛長方形教堂，
十二世紀

圖48　弗蘭切斯科・特拉伊尼
《死之勝利》，
比薩公墓，十四世紀

前面已提過之所以誕生教會施予民眾恐懼的必要性，不過罪惡、地獄與贖罪這教誨式的三位一體正是當時審判圖畫家必備的主要題材基調。雖然托爾切洛的長方形教堂（十二世紀）、翡冷翠洗禮堂的圓頂天井已經出現東方色彩濃厚的馬賽克審判圖（圖46、47），不過塔德奧的壁畫也殘留著拜占庭風格構成的影響，整體被分割成對稱的部分。每個部分各自對照到七宗罪之一，罪名則用文字寫著。

除了在翡冷翠或帕多瓦有同樣呈現出教誨式地獄恐怖的壁畫，比薩公墓的《死之勝利》（十四世紀中期，圖48）也是，塔德奧的作品之所以低俗下流且充滿猥褻的活力，是因為聖吉米納諾這個城鎮比帕多瓦、比薩更晚受到人文主義文化的薰陶。

為了賦予閱讀過但丁《神曲》的都會人更了解地獄的印象，納多·迪·喬納可說完全拷貝《神曲》觀點的壁畫（新聖母瑪利亞大教堂，斯特若齊禮拜堂）登場，之後更有波提且利、舟萬尼·迪·帕歐羅（西埃納美術館）等人的作品延續此風格。

到了奧維耶托的審判圖（一四九九年，圖49），耶穌基督的身影已完全從構圖中消失，作者專注地追求復活死者肉體在解剖學上的呈現。而地獄的部分與米開朗基羅的壁畫（西斯汀禮拜堂）相同，惡魔展露出男性般誇張的肌肉，將犯了罪墮落的女性背在背上，像要討她們歡心似的。《死者復甦》對義大利喜好肉體的畫家而言，成了很棒的題材。

圖 49　路卡・希紐列利
《最後的審判》局部，
奧維耶托大教堂壁畫，
十五世紀末

圖 50　斯特凡・洛赫納
《最後的審判》局部，科
隆，瓦爾拉夫里夏茲美術
館，十五世紀

相對於此，北歐哥德精神首先在羅傑爾．范德魏登的大祭壇畫（博訥療養院，十五世紀中期）中，實現了《最後的審判》完整的三幅一組構圖。圖中遵從哥德浮雕傳統，描繪著閃耀光芒的救世主、測量靈魂的聖米迦勒以及從地面裂縫爬出復活的裸體男女，不過魔王並未現身，而是僅透過地獄恐怖的火焰來暗示。

讓．德．布哥涅（托雷多修道院本院參事會室）與梅姆靈（但澤聖母教堂）的古典構圖，到更加上寫實風格的揚．普羅沃斯特（杜亞美術館）、彼得．里薩爾托（第戎美術館）以及斯特凡．洛赫納（圖50）的審判圖，逐漸發展出十五世紀法蘭德斯獨特的精緻幻想。

不可思議的是，以往扮演主角的大天使藏起身影，裸體的群眾在沒有審判者的情況下，有如受到磁鐵吸引般，自動地分別前往天國與地獄的方向。聖羅倫茲教堂的祭壇畫（斯特凡．洛赫納）正如歌劇的舞臺，左側可見到明亮天國的宮殿，右側有黑暗地獄的城寨，前景則鮮明地描繪出被天使與惡魔雙方拉扯的人、抓著破洞錢袋仰躺倒下的人、手中握著骰筒就被惡魔扛走的人等等各種裸體肖像。

然而在最該注意的背景中，有著令人聯想到波希的惡魔與天使在空中打鬥，種類交雜形成長著蝙蝠翅膀、身上是昆蟲甲殼當鎧甲的怪異惡魔，顯眼點綴著深長的空間。前景的惡魔在腹部與肩膀各長著不同的臉，也就是所謂「反三位一體」的象徵，這後面會再提到。

最後來聊聊用上所有描繪法、混合哥德後期破壞性要素，從無厘頭無秩序中打造出巨大惡魔的「逆宇宙」，也就是打造出地獄本身秩序的天才——耶羅尼米斯．波希（Jheronimus Bosch），他的「審判」圖呈現出在幻想的泛惡魔主義世界中，幾乎沒有一個是被拯救的善人，這是在此一類別中從未有人嘗試過的奇蹟。不管在《七宗罪》（普拉多美術館）的細節中，或者在《最後的審判》（維也納美術學院）的畫面中央，甚至在色彩碎片的習作（圖51）中，都能確認「沒有善人」的奇特世界。

因此世間普遍說他是異端畫家，無論如何，波希作品的每個角落都可證明惡之精神勝過神之精神。耶穌基督身處這惡德與淫猥席捲的瘋狂騷亂之外，沒有人知道祂為何出現，甚至看起來與人類世界毫無交集。再加上所有審判圖必定明示通往天國的榮耀入口已經消失，有如某種普遍的惡意讓怪異的生物或者瘋狂的人類塞滿了整個空間。將視線從沒有立足之地的地獄轉往天國，那太過閒散雍容的寧靜，反而給人噁心不適的印象。

如此一來，那裡讓人認為完全毫無救贖餘地，而安德烈．布勒東曾表示，尤其在波希後期作品《人間樂園》（Tuin der lusten）中，其夢幻的情色傾向是所謂將人類物質化、物質無差別有性化（universelle sexualité）以及靈知般魔術思想的展開，因此他說：

「我相信波希即使不依賴理性的淨化，至少也透過完成一個善與惡完全解放、和解的作品，救贖了自己，絕對沒錯。」

——《魔法般的藝術》

話說回來，我們也能輕易注意到雖然波希的世界很邪惡，但卻沒有描繪任何一種殘酷或悲慘的舉動，反而充滿著奇幻童話般、純真無邪的氛圍。

此外補充一點，描繪這種惡魔主義氛圍色彩濃厚審判圖的畫家不是只有波希。凡・艾克早在他之前的十五世紀初便已畫出《審判》（圖52）。與博訥的祭壇畫相反，凡・艾克的《審判》縱長構圖驚人，上方是被天使環繞其中的耶穌基督，正中間是從洞穴爬出復活的死者，其正下方則是骷髏死神大大張開黑色膜質的翅膀，有如環抱住地底的地獄一般。這正是理論上的三階段構圖法。罪人頭下腳上地墜落這黑暗的地底，與該處爬蟲類般蠕動的惡魔重疊，恰如阿爾欽博托的寓意畫般錯綜複雜。

然而凡・艾克的作品顯然與波希不同，他還明顯留存著哥德圖像學的傳統，甚至當時普及到法蘭德斯民間的《死之舞蹈》思想也化成相當寫實的骸骨形象。不過中世紀末期如此陰鬱的寫實主義不得不親自破壞傳統審判圖圖像學上的構成，正因為如此，對十六世紀以後以波希為先鋒、以布勒哲爾為始祖的惡魔藝術而言，這個審判的主題已經勾不起他們的興趣。

圖51　耶羅尼米斯・波希《最後的審判》局部
慕尼黑美術館

圖52　凡・艾克《最後的審判》局部
紐約，大都會藝術博物館

書目註記

1. Χριστιανικ Τοπογραφία, Κοσμ ς νδικοπλεύστης, 6thC.

圖53　長著短角的惡魔，
巴黎聖母院，十三世紀

地獄與刑罰

圖54　喬托《最後的審判》局部，〈地獄〉，
帕多瓦，史格羅維尼禮拜堂

我們必須先了解，正如斯特凡．洛克納（Stefan Lochner）或范德魏登的祭壇畫所呈現的，即使「審判」的主題在中世紀末期有助於讓地獄的描繪更加精密，然而原本地獄的表現是不同於基督教正統教義中「審判」構圖在圖像學上的發展，不如說兩者有如平行般各自進化，有著從古代繼承下來的獨立性格。

當然對異教徒而言的地獄，與那一神教嚴苛末日觀所連結的地獄樣貌不同，既沒有原罪、赦免，也沒有永恆的懲罰，不過是個單調灰色的彼岸世界。破壞之神內爾格爾（Nergal）率領人身獅頭的惡靈君臨亞述及巴比倫的地獄，這裡既是「沒有歸路的永恆土地」、「七個城郭護衛的黑暗王國」，也是死者魂魄無論善惡「交雜混在一起」的地方（F．吉蘭，Felix Guilland）。波利格諾都斯描繪的德爾斐壁畫（西元前五世紀）中，主題也是環繞著奧德修斯的地獄，而在塔基尼亞墳墓發現的伊特魯斯克壁畫（西元前二世紀）中，也描繪了長著鳥頭、啄食屍體的惡鬼模樣，這些可都算是存在於與基督教無關的西歐世界中，希臘羅馬式地獄景象悠久的源頭。

然而相關的希臘羅馬故事之所以會對中世紀圖像學產生決定性的影響，還是有必要與好幾個出自於次經的基督教要素融合，其要素之一是被認為明顯影響但丁的《聖保羅降臨地獄》傳說（四世紀），還有一個則是十二世紀之後翻譯傳入法國，以聖帕特里斯、聖布蘭登與騎士歐文等遊歷地獄為主題，發源於愛爾蘭的幻想凱爾特傳說。

即使但丁首次確立地獄的宇宙論是事實，不過最好記得在此之前廣為流傳的《聖保羅降臨地獄》傳說早已描繪出「垂吊罪人燃燒的樹木」、「會噴出火焰的七個大鍋釜」、「綑綁住汙穢靈魂不停迴轉的火焰車」等等所有地獄責難懲罰的畫面。例如十四世紀初的手抄本《慰藉的果園》[1]（巴黎國立圖書館法語本九二二〇）中，也有插圖描繪降臨冥府深淵而立的聖保羅，跟著天使一起眺望燃燒的樹木、沸騰的大鍋釜及車裂刑罰等異常又令人鼻酸的光景。聖保羅的身邊聚集著大群長著有如仙人掌般綠角的惡魔。在韋格爾河畔阿斯尼耶荷地方薩特河教會的壁畫（十三世紀）、馬貢圖書館的《神之國度》插圖、奧頓以及布赫吉的半月形龕楣中都能見到烹煮罪人的大鍋釜，不過其根據並非正典。

這類環繞著次經地獄的故事更進一步與凱爾特詩人的幻想力同化，誕生出令人聯想到荷馬史詩、聖布蘭登的異想天開冒險譚，其中甚至還有描述關於背叛耶穌基督的猶大的奇幻情節。猶大從星期一到星期六依序被車裂撕裂、塗上松脂變得漆黑、火焰炙燒、沉在冰池中浸泡醃漬、被迫喝下融化的鉛液，在受盡一切地獄的苦難後，由於神明慈悲，允許他星期日在海邊休養。

民眾對猶大的憎惡心經過中世紀越發激烈，從繪畫與雕刻喜歡以猶大自殺的場面《馬太福音》為主題可見一二，然而聖布蘭登的故事卻站在同情的角度描繪猶大。總之艾德蒙．法拉爾（Edmond Faral）曾表示，這傳說「讓法國詩人見識到北方詭異傳說的源頭」（《中世紀文學》）。

的確，從只相信地獄象徵論、宛如聖多瑪斯的精神指導者看來，中世紀藝術家長久以來受到壓抑的想像力絕對激烈地受到如魔法般的北方凱爾特撼動。中世紀末期、十五世紀時，聖職者開始稍微放鬆看待藝術家創造的自由。當時黑死病與戰爭助長「死亡」，任何角落都能見到其高貴的陰影。換句話說，死亡變成現世的理想，藝術家早已藉著聖徒傳記深入庶民人心的地獄景象，努力表現出死亡的理想。艾米爾・馬勒曾說過：

「聖徒傳記受到了一四七〇年時期藝術的祝福。」

——《中世紀末其的宗教藝術》

話雖如此，不過那僅限於民間藝術，貴族與知識分子從很早以前便已認識了洗練的地獄藝術。如果能回想起十三世紀初以來包含地獄圖在內，讓啟示錄式幻想的毒花綻放的西班牙《貝亞圖斯手稿》（尤其巴黎國立圖書館館藏的拉丁語本一二二九〇），或者一四一六年時林堡兄弟為了貝利公爵所描繪之《豐饒時節日課經》中的地獄圖（圖55）便足夠。

波爾・德・林堡（Pol de Limburg）的地獄圖明顯將陰鬱的凱爾特傳說轉變成拉丁風格，完全跳脫了但丁之後的類型，是稀有的作品。那可說是高盧風格的憤世嫉俗，肆無忌憚、堂而皇之地畫出惡魔的睪丸。犯下邪淫之罪的修道士被地獄的獄卒綑綁、脫個精光，丟進坑洞裡。兩隻長著山羊般長角、蝙蝠翅膀的惡魔在左右兩側操縱著風箱，正中央戴著王冠的巨大魔王張口噴出火焰，罪人受到火焰的玩弄，在空中飛舞。

圖55　波爾・德・林堡，出自貝利公爵的《豐饒時節日課經》<地獄>局部，尚提伊，貢代美術館

如此描繪出禁忌光景的手抄本恐怕是被當時的貴族當成收藏品，庶民毫無所知。然而從十二世紀初開始，大眾視線所及之處的造型表現也能輕易見到其中一種地獄刑罰。

在木瓦沙克、土魯斯的聖瑟寧教堂、夏利優、波爾多的聖安德烈教堂等的正面門口，我們可從羅馬式雕刻活靈活現地讀取到當時宗教殘留在石頭上的殘酷與色情。

無論何處的主題皆是爬蟲類啃食著淫蕩女子陰部的畫面。在木瓦沙克的雕像上，該女子左右乳房各有大蛇咬住，陰部則是被癩蛤蟆吞噬，左側的惡魔也許是在煽動爬蟲類（圖56）。在夏利優的雕像則是女子想趕走蛇類痛苦不堪地往後仰（圖57）。

繪畫領域中這類主題相對較少，但是不能不提到塔旺地下墓室有名的壁畫（十二世紀末）。有個女性披頭散髮，淫蕩的乳房上有蛇，她拿著長槍刺向自己，亨利・福西隆（Henri Focillon）表示：「她倒下、臨死的前一刻似乎不停地痙攣著」。聖職者將女性視為惡魔同類、受到壓抑的虐待癖，轉變成樸拙有時又難以忍受的陰鬱悲慘寫實主義，而中世紀修道院的隆格多克藝術滿溢這種風格的過程，這應該會是精神分析學的好題材。

爬蟲類拷問方面，經常會提到十五世紀末兩大惡魔畫家——波希與格呂內瓦爾德。在波希的《乾草車》三聯畫右側部分有個裸體男性被牛尾巴拖著走（圖59），此外在《七宗罪》（圖60）的地獄部分寫著「傲慢」的文字，也可見到地面上坐著個裸體女子，無論哪個人物的性器官上都緊貼著黑色青蛙。

圖 56　淫蕩女子，木瓦沙克正面門口（蛇咬著左右乳房，陰部有癩蛤蟆啃食）

圖 57　淫蕩女子，夏利優正面門口（女子想趕走蛇類痛苦不堪地往後仰）

到了格呂內瓦爾德的《已逝去的戀人》（一四七〇年，圖58），可說是這類別的極致，其無與倫比的怪誕風格讓觀賞者驚悚不已。爬蟲類纏繞在一對又老又醜的男女身上，穿破皮膚潛進體內。瘦骨嶙峋的肉體到處都有破洞，蒼蠅與蜻蜓聞到腐臭聚集。再加上女子的陰部有隻大癩蝦蟆，像片不吉利的無花果葉子吸附在上面。這作品恐怕幾乎踩在超越藝術範疇的線上，之後再由巴爾德斯·萊亞爾、哥雅、索拉納延續不同凡響的恐怖藝術風格，這可謂是恐怖藝術的始祖。

地獄的責難刑罰中，最早開始呈現的是淫蕩的刑罰，不過正如前面《最後的審判》（圖61）處所提過的，義大利畫家受到但丁詩篇直接或間接的影響，也開始將其他刑罰描繪在「審判」構圖之內。然而也有像比薩公墓大壁畫（一三五〇年）一般，明顯殘留濃厚阿爾卑斯山以北、凱爾特的拉丁式幻想故事要素的作品，對一三〇〇年代（Trecento，指十四世紀的義大利藝術、文藝復興的黎明期）末期義大利繪畫在國際上的影響而言，有無法輕易斷定的部分。

比起維吉留斯與但丁，當時的神職者明顯更喜歡聖保羅與聖布蘭登的故事，波提且利在銅版刻上《地獄篇》故事的時候，希臘與愛爾蘭的傳說尚在滋養法國畫家的視野。話雖如此，一旦由於接觸新思想使得信仰瀕臨危機，教會會更加直白地呈現彼岸的恐怖，所以甚至提到地獄，來源不明的傳說與次經都可大幅見到這種情況。

像這種從基督教初期過往便浮現的傳說，拉撒路奇妙的地獄見聞錄便是其中之一。本故事主要在說死亡的拉撒路奇蹟復活之後，在西蒙家中一邊用餐，一邊向耶穌基督祈禱，講述他所見

圖58　格呂內瓦爾德《已逝去的戀人》，
十五世紀，斯特拉斯堡美術館

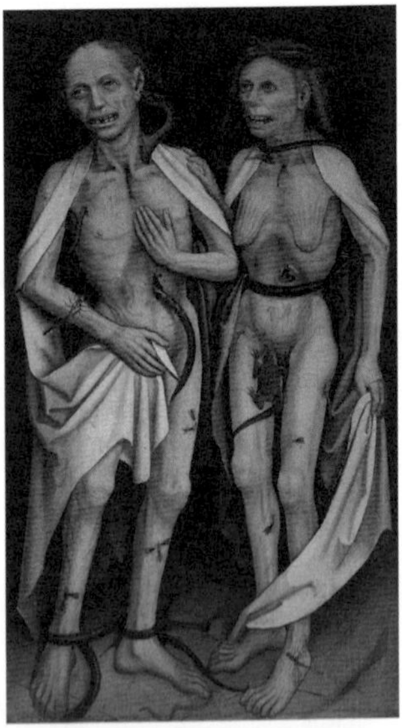

圖59　波西《乾草車》

圖60　波希《七宗罪》局部，普拉多美術館

圖61　羅傑爾．范德魏登《最後的審判》局部，博訥療養院

到的地獄模樣給大家聽，以聖奧古斯丁講道與皮耶．科梅斯托的《聖經故事》[2]（十二世紀）為典故，這既是次經，也是一貫殘酷的故事。

尼古拉．勒．魯日（Nicolas Le Rouge）在特華印刷的木版畫集《牧羊人曆法與名稱》（十五世紀，圖62）中，故事的文稿搭配著相應的插圖，很有意思。類似的作品還有維拉爾的《善生善終的藝術》（一四九二年）、居由．馬尚的《牧羊人曆法》（一四九一年）等等，尤其後者的木版畫廣為普及，複印了無數次，據艾米爾．馬勒表示，這也影響了阿勒比教堂的《最後的審判》壁畫。

這些木版畫中充分描繪了回歸民眾之手的地獄。雖然居由．馬尚與維拉爾的技術受到不當的輕蔑，但是其解剖學方面的研究卻精采地掌握了痛苦與痙攣的呈現，七宗罪的刑罰在某種意義上也隱含了但丁的觀點，展現出了其細緻與洗練。「憤怒」之罪是將罪人捆綁在類似肉鋪砧板的檯子上，用長槍與菜刀切割；《牧羊人曆法與名稱》的插圖則是表現「貪婪」之罪，將罪人丟進煮滾熱油的鍋釜中，再用三叉的耙子刺穿成串；接著來看蒙貝利雅赫的木版畫（十九世紀，圖63）吧，「暴食」之罪是接受氣味難聞的惡魔擁抱，必須吞下活生生的青蛙；「色慾」之罪則是被推進燃燒著硫磺的深井中……。

以哥德教會來說，大多數展現好色面貌的惡魔在這些木版畫中也像是默默執行職務的吏卒般面無表情。正如薩德侯爵作品的登場角色，他們對自己的狀態似乎感受不到喜悅與恐懼。不僅木版畫，《神之國度》手抄本插圖（比利時皇家圖書館九〇〇六）的其中一幅畫著某隻惡魔吹奏著風笛像在激勵同伴暴行，此外在夏特茲派修道士丹尼（Grande Chartreuse）的《終末四事論》插圖本中，畫著猴子將罪人的手腳切成好幾段，刑場地板鮮血淋漓的樣子。

能與這種無自覺虐待性匹敵的，只有吉美博物館收藏的緬甸古早手抄本中的地獄圖（有拔除罪人內臟的畫面），或者梵蒂岡圖書館收藏的墨西哥彩色手抄本中，阿茲提克族的人類犧牲圖（十六世紀初）。

在中世紀末期，無論哪種藝術家精神都反映出地獄與惡魔的普遍。雖然大多數壁畫與雕刻佚失，但由於時代的要求，細密畫與木版畫滲透民眾之間，再怎麼愚蠢的民眾靈魂中，都確信惡魔宇宙的存在。《黃金傳說》、各個給庶民看的《曆法》或作為教化文學的《福音》等等，透過講道與木版印刷兩種表現方式，灌輸散播活靈活現的地獄思想。懷金格曾說過，十五世紀正是「有系統地完成了可謂有著恐怖贅肉的魔女中世紀妄想」的時代。

前面已提過，波希與凡．艾克這兩大巨匠從相反的面向指摘出這時代病態的「贅肉」，而接下來想介紹的是提耶里．鮑茲（Dirck Bouts）。

透過其卓越的寫實主義與范德魏登的風格，鮑茲的《地獄》（一四七〇年，圖66）將那永恆劫苦的概念充分形象化。

圖62　尼古拉・勒・魯日
《牧羊人曆法》，十五世紀

圖63　蒙貝利雅赫的木版畫，
巴黎國立圖書館，十九世紀

圖64　塔德奧・迪・巴托羅
《地獄》,〈暴食之罰〉

圖65　塔德奧・迪・巴托羅
《地獄》,〈男色及通姦之罰〉,
聖吉米納諾教會修道院

博訥的祭壇畫中見不到惡魔的身影，僅僅藉由地獄恐怖的火焰來暗示，然而鮑茲的地獄卻是由更殘酷、更具體，幾何學上更嚴謹的構圖所支配：有罪男女的裸體僵硬且蒼白、脆弱、不停散發著螢光。令人聯想到劇毒爬蟲類、蝙蝠，惡魔雜交形成的纖細手腳，再加上青綠色的背景中，有著從聳立岩山墜落黑暗湖水的罪人。衝上天際的薔薇色火焰、在岩石陰影處轉動的車裂刑具、飛過天空的前世紀怪鳥……。

巴爾特魯沙帝斯主張此遠景中右側區隔聳立岩山空間的線條確實看起來是張人臉（《幻想的中世紀》）。原來如此，如果試著這麼想，可以清楚辨別出額頭、鼻子、嘴巴及下巴，這張面無表情的「撲克臉」視線似乎緊追著從岩山山頂被丟進湖水中的罪人。中世紀圖像學的神祕之處經常擴展到自然與器物，從西歐到極東之地能發現眾多相似的「形變」（anamorphose）現象。岩石變化成人類，人類變化成動物，甚至動物變化成工具的現象，對看習慣波希與布勒哲爾的眼睛而言已是司空見慣。

再者，鮑茲的地獄也有類似洛赫納的地獄中所見到的腹部長了臉的惡魔。

據馬勒表示，這代表智慧（頭腦）轉移到侍奉卑賤食慾的場所，也是「巧妙展現墮天使墮落到野獸水準的方法」（《十三世紀的宗教藝術》）。類似例子最早也出現在十三世紀初手抄本《聖路易詩篇》、《劍橋大學三一學院的啟示錄》等的細密畫中。雕刻方面則在夏特南側門口的穹窿弧帶、布赫吉西側正面的《最後的審判》（圖67）圖中可見到相同範例，到了中世紀末期，圖畫更出現肩膀與臀部有臉的惡魔。

圖66　提耶里・鮑茲《地獄》，羅浮宮，
十五世紀（背景可見到呈人臉形狀的岩山）

圖67　《最後的審判》，布赫吉大教堂，西側正面門口

圖68　米歇爾・帕赫
《聖沃夫岡與惡魔》，
慕尼黑美術館，十五世紀
（臀部有臉的惡魔）

惡魔學家德・朗克（Pierre de Lancre）曾說過，惡魔「臀部長了巨大的尾巴，尾巴下面有張臉，但無法從這張臉講出任何話語」（《鬼神及惡魔變形之圖》，一六一二年）。十六世紀宗教改革時，人文主義者梅蘭克頓將這種荒唐的怪物取名為「教皇驢」（圖69），用來諷刺、譏諷羅馬教皇。梅蘭克頓描繪的怪物是有著女性乳房、身體布滿鱗片的驢子怪物，據說一四九五年時從臺瓦拉河爬上岸。

形體怪異的不是只有惡魔，維農教堂的聖水缽下方甚至能見到令人想到畢卡索陶器、用雙手抱著大圓臉肚子、如孩童般的天使雕像（十五世紀，圖70）。如此一來情況逐漸變得複雜，不論惡魔或天使都無法輕易用世俗的眼光來分辨。

圖69　梅蘭克頓的《教皇驢》，
十六世紀

圖70　維農聖水缽的天使，
十五世紀

圖 71　耳朵下垂的惡魔
《聖安東尼的誘惑》局部，
第戎美術館，十四世紀

書目註記

1. Vrigiet de solas, ou Verger de consolation, car ki vioult ens entrer par penser et par estude il i trueve arbres plaisans et fruis suffisans pour arme nourrir et pour cors duire et aprendre, 14thC.
2. Bible historiale, Pierre le Mangeur, 1292-1295.

反三位一體

圖72　波提且利《路西法》，但丁《神曲》的插圖，鉛筆草圖

但丁《地獄篇》最後的第三十四曲敘述的是魔王路西法胸口以上露出冰面，三對翅膀撲打著，六隻眼睛哭泣，從三張嘴巴中流淌出混雜著眼淚與血水的唾液。用鉛筆巧妙描繪出魔王這種永恆悲慘形象的是晚年神祕主義傾向越發強烈的山德羅．波提且利。在全身包覆粗硬毛髮的巨大魔王身邊，維吉留斯與但丁有如環繞著太陽的小行星般沿著軌道轉動。但丁的曲子如下：

> 當我見到那頭上有三張臉，真不知有多麼驚訝，一張臉通紅在前
> 剩下兩張臉在左右肩膀的正中央，三張臉在頭頂處結合相連
> 右邊的臉孔顏色介於白與黃之間，左邊的臉孔看起來像來自尼羅河上游的人
> 此外臉的下方長著兩片如鳥類般的寬大羽翼，我未曾見過如此巨大的船帆

波提且利的魔王正如但丁所描述，用正中間的嘴巴撕咬背叛耶穌基督的加略人猶大，左右的嘴巴則吞噬著殺死凱撒的布魯特斯與卡修士。然而根據本威奴托．切利尼（Benvenuto Cellini）的說法，路西法的三個頭——相對於展現出權力、智慧與愛的聖三位一體——是魔王的三位一體，各自代表了無力（黃色臉孔）、無知（黑色臉孔）與憎惡（紅色臉孔）。換言之，這是所謂「反三位一體」（Contra-Trinitas）的典型圖像，據說起源於《啟示錄》第十六章的「我看見三個汙穢的靈，狀似青蛙，出自龍、獸及假先知之口」。

伊拉斯莫斯．弗朗西斯（Erasmus Francisci）所著《地獄的普洛提斯》（德國紐倫堡，一六九五

圖 73　伊拉斯莫斯．弗朗西斯《地獄的普洛提斯》
扉頁插圖，十七世紀

年，圖73）的扉頁插圖中，此龍、獸、假先知為一體的「反三位一體」概念尤其是透過文藝復興成就北方風格、魔術般幻想的例子。這樣雌雄同體，也完全排除掉靈性的純粹動物性，象徵至高無上的生命力。左邊的遠景中，可見到乘坐在山羊身上前往巫魔會的妖怪。右邊則有幽靈揮動火把誕生四大精靈。地面裂縫中可見到罪人的臉，而惡魔的反三位一體則是從《啟示錄》所述，從「燃燒硫磺的烈焰池」中，頭戴火焰皇冠現身。以魔術原理來說，撒旦是宇宙磁力的動因，所以創造萬物的眼睛裡充滿看不見的火焰。

不用說，蘊含如此複雜象徵的構圖是在惡魔學廣為發展的文藝復興時期以後出現的，而中世紀的反三位一體則更加單純。更重要的是，說不定可認為從《神曲》誕生的圖像為此增添了特色。然而若試著探索基督教以外的傳統，在伊特魯斯克、印度與中國也能發現眾多類似的表現方式。

結合了塞勒涅、阿爾提米絲與帕斯鳳涅的地獄三頭女神《黑卡蒂》（里昂美術館），恐怕是西歐最古老的三位一體像吧！話雖如此，但這屬於異教，三位一體在神學方面並沒有特殊意義。

婆羅門教中，艾洛拉的拉瓦那魔神像、普蘭巴南（中爪哇）及愛荷的梵天像可見到相同的呈現方式，稱為三相神（Trimūrti）。此外七、八世紀的印度教雕刻家在象徵物種永存的林伽（男性生殖器像）周圍黏合許多頭部，製作出某種多頭神像。在愛利芬塔石窟寺廟的濕婆神也是三相神：右側為象徵創造與破壞的男性臉孔、左側為展露優雅微笑的女性臉孔。同樣的多頭神像（或是多頭獸）在十二世紀的高棉、暹羅、圖博藝術與八世紀的希臘式佛教藝術樣式中也都頻頻出現（圖74）。

圖74　五頭馬，高棉藝術

圖75　《反三位一體》格呂內瓦爾德的素描，十六世紀，柏林銅版畫展覽室

由此可知，將波提且利的但丁式幻想普遍化來看，無法說是獨創。實際上，比薩公墓的《地獄》也好，安基利軻的《最後的審判》也好，都有類似這種的三頭惡魔呈現方式，而此圖像也已知持續存在於西歐，不用說，但丁還是有影響的。然而不管在十一世紀南義大利的聖岸哲婁印佛米斯教會（《最後的審判》壁畫），或者是十三世紀埃坦普的聖巴西列教會（半月形龕楣浮雕）中，也早已經有用三張嘴巴咬爛罪人的路西法登場。很有可能佛教藝術的潛移默化，深深融合了希臘羅馬式地獄魔神與怪物的形象難以區分，甚至影響到這些路西法像。

一二二六年左右製作的教化文學插圖本《講道用聖經》中，三個頭上戴著皇冠的撒旦經常被視為等同於假基督。格呂內瓦爾德的素描（柏林版畫館，一五二三到一五二四年）中，也有三張浮現怪異表情的臉接合在同個身體上，頭頂接受共通背光照射的圖（圖75）。某位作者解釋這謎一般的素描代表聖安娜的三位丈夫，而別的研究者將這張圖與十三世紀前半的圖像相比較，斷定絕對是新教信仰的反三位一體沒錯。

至少在西歐藝術相關方面，無庸置疑這張三頭圖像多少起源於古代雅努斯（Ianus）或克爾柏洛斯（Kerberos）的形象（出現在大多數手抄本及亞眠的雕刻中）。為了讓三位一體的概念變得容易理解，所以各種拜占庭的聖像甚至用耶穌基督擁有三張臉的方式來呈現，文藝復興時期之後則有提香的寓意畫採用這種方式。

而巴爾特魯沙帝斯則根據豐富的資料意圖證明這三頭的圖像衍生自希臘羅馬式的寶石雕刻（《幻想的中世紀》）。

古代寶石雕刻會在同個生物體接上多個頭部、直接將腳連在臉部、上半身是野獸下半身是鳥類、在動物胸部或屁股長出人臉……展現出大致能想到種類的幻想動物變態圖樣（圖76）。根據老普林尼《博物誌》（第三十五卷一一四章）自古以來的呈現方式，巴爾特魯沙帝斯稱呼這類由多數頭部構成，或者頭部出現在不同位置的生物體為「格利羅」。普林尼文章中寫的是「Gryllos」，也就是豬的意思，最早使用於埃及諷刺畫家安帝斐洛斯的畫作中。

剛開始一般指稱嚴重變形、如漫畫般的圖畫，最後變得只適用於寶石雕刻的圖案。不用說，人們相信這種刻著奇怪圖案的寶石是某種具有魔力的護身符。

這種古代異教般的守護神「格利羅」開始疏疏落落地在宛如基督教的哥德中世紀復活，來舉幾個例子吧，比方說——

克恩騰邦（奧地利的一個地區）古爾克的壁畫（十三世紀）中，有個圖案是三張臉組合在一起，各自的鬍鬚變成對方的頭髮，羅馬時代印章的格利羅也很類似這個。此外由三或四張臉構成的蘇黎世祈禱席關愛座（十四世紀前半）雕刻，則與納瓦拉國王提博（一二五九年歿）用來當印章的古代陰刻寶石格利羅極度相像（圖77）。

大幅融入拜占庭圖像學與伊斯蘭宇宙誌類理論的海拉德．馮．蘭芝柏格細密畫手抄本《歡愉園地》[1]中也有一種稱為哲學之盔、煉金術方面三位一體的格利羅，據說三張臉各自代表倫理、邏輯以及物理學（圖78）。

哥德式格利羅最後的完成者可說是波希，尤其按照他喜好描繪的是腳直接接在頭部的格利羅，也就是所謂的「足男」。在維也納美術學院的《最後的審判》中央部分、威尼斯的《隱者祭壇畫》左側部分、柏林與牛津的局部素描中，都可見到像昆蟲、像鳥類又像物體，經過中世紀展現出各自特徵進化或退化痕跡的「足男」例子。

然而其中充滿謎團、最富含中世紀矛盾詭譎氛圍的算是位於里斯本《聖安東尼的誘惑》圖中央部分，幾乎處於畫面正中間的「足男」了吧！他包著黑色頭巾，右腳伸直屈起左腳，裝腔作勢坐在聖安東尼的正對面（圖79、80）。那穿著長靴的腳部肌肉強壯，異常地寫實。聖安東尼無法正眼看他。使他感到恐懼的，並非畫面中惡魔無所不在的瘋狂騷亂，說不定淨是因為這個「足男」異常地現實。聖安東尼與「足男」似乎正在彼此交流著神學方面的對話，這個來自古代的格利羅面朝著聖安東尼，逼迫他應對，所有視野都以這修道士與格利羅無言的對話為中心展開。

也有部分說法將這個「足男」的臉看作波希的自畫像（請參照馬賽勒．布利昂），不過據巴爾特魯沙帝斯表示，不管姿勢、解剖學方面的構造也好、表情也罷，這個格利羅跟里耳法官拉烏爾．奧布里（一三二〇年左右）所持有、刻在模造古代印章上的惡魔非常類似（圖81）。

圖76　古代寶石雕刻的格利羅

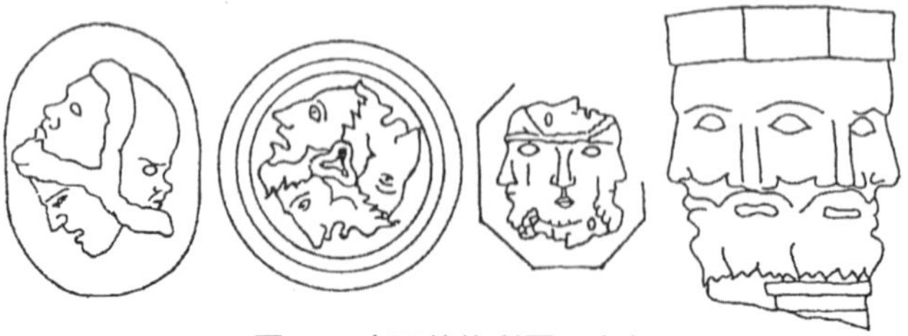

圖77　多頭的格利羅　左起

左起：古羅馬的印章／克恩騰邦古爾克的壁畫，十三世紀／納瓦拉國王提博用來當印章的古代陰刻寶石格利羅／蘇黎世祈禱席關愛座，十四世紀

圖78　「哲學之盔」，出自《歡愉園地》，十二世紀末

總而言之，哥德末期古代主題復活、格利羅重生，是藝術家既處於嚴苛的中世紀秩序中，也不禁窺見文藝復興式願景，換言之可謂是使前衛理念大放光彩的異教幻影。在異樣未知的秩序反過頭浮現帶來理念上的光明幻影，使中世紀末期異教式主題存在本身更具矛盾性，恰如波希畫中「足男」與聖安東尼的對話一般……。

確實源自老普林尼的「格利羅」一詞是象徵性的，即使在當時也是一種充滿異國情調的語詞。修道士瑪加略的《古代寶石論》（一六四一年）中，格利羅專門指稱臉部接在馬腳或屁股上的惡魔，繪畫、惡魔學範疇中似乎也同樣使用格利羅一詞。至少就格利羅的主題而言，北方諸派的文藝復興非常早來臨，甚至可以說直接從中世紀內迸出。

話說回來在西歐藝術中，呈現格利羅這種非自然、而是人為畸形怪物的圖像學主題，很難一概斷定皆由希臘羅馬式寶石雕刻中所衍生。伴隨著拜占庭繪畫與薩珊王朝、波斯類織物的影響，對塞維亞的依西多祿（Saint Isidore of Seville）、拉班．摩爾、奧頓的皇帝何諾（Honorius of Autun），再加上聖奧古斯丁在內各知名學者的宗教信條造成巨大陰影。也就是說，他們既身為基督教的傳教者，卻也相信方諾斯（Faunus，羅馬神話中的農林畜牧之神，上半身人下半身羊）或夢魔（Incubus）等妖怪存在。如果沒有這些格利羅，也想像不到實際上羅馬式雕刻家會在如此荒唐無稽的形體投注巨大努力。不僅如此，十三世紀以後數量終於逐漸增加的動物誌、金石誌等在內的通俗科學書籍，以及旅行家、詩人的書籍，更將學者的假說透過幻想進一步美化與擴大。

圖79　波希《聖安東尼的誘惑》中央部分，
里斯本國立美術館（右側可見到像在與聖安東尼對話的「足男」）

圖80　波希的「足男」

圖81　里耳法官拉烏爾·
奧布里的模造古代印章

從曼德維爾的《奇蹟之書》與馬可．波羅的插畫本《馬可波羅遊記》[2]（都是十五世紀，巴黎國立圖書館）到文藝復興時期安布洛瓦茲．帕雷的《怪物之書》，都出現了眾多所謂「犬面狒狒」——長著狗臉的狒狒，上半身是人類下半身是驢子，稱為「半人驢」的動物（圖82）；長著惡魔的臉、海象的牙齒、獅鷲獸爪子的怪獸「阿爾皮多」、有著螯蝦大螯與鱗片如魚一般的水生動物「布特隆」等等，由幻想與中世紀獨特象徵主義所誕生的未知動物。

原本人類結合自然與不按牌理出牌的神話式想像力，也有傾向將人類形體上的畸形，例如侏儒或巨人之類的變成惡魔。埃及的賽特神、阿努比斯神與貝斯神便是如此誕生，而希臘神話中則產生眾多雜種生物。一開始在這些神話性質上，很難說有發現純粹的惡之力量。由此可知，完成這些畸形生物與惡魔間的同化，使之參與古人幾乎毫無所知、殘酷嚴苛的地獄世界，是中世紀中期的事了。

首先由但丁將它們丟進地獄底層，它們才開始變成真正的惡魔。但丁的地獄概念混雜著古代世界與《聖經》的意識形態。不僅但丁，在此之前眾多動物誌或樸拙的手抄本便開始有這種傾向，《神曲》細緻的插圖則更上一層樓。除此之外，《牧羊人曆法》等庶民藝術又再帶領近乎不潔的解剖學細部描繪進入惡魔的領域。

如此形成波希、布勒哲爾的雜種生物、會飛天的魚、行走的物體、只有頭部的兩腳獸等，從既有的古人寶石雕刻或古錢學圖像式幻想，到無法輕易走上其發展途徑、變得複雜也理所當然。

圖82　犬面狒狒，出自馬可・波羅的《奇蹟之書》
（被認為有狗頭人類居住的孟加拉灣安達曼群島上）

圖83　假基督的誕生，十五世紀德國木版畫

如果喜愛均衡與秩序，怪物方面只創造出戈爾貢的希臘人，大量撞見這些中世紀末期夢魔之類的生物，恐怕也會嚇到拔腿就跑吧！

話說回來，初期基督教藝術中，借用動物形體來呈現惡魔的種類僅限於：獅子、巴西利斯克（視線有石化能力的毒蛇王）、阿斯庇斯（蝮蛇）以及龍四種。至少直到十三世紀，根據對稱原理的考量，四隻動物相對於四位福音書的作者——成為惡魔的象徵。換言之，巴西利斯克與蛇代表死亡與罪惡；龍代表撒旦；獅子則是地獄之子、假基督。亞眠的《美麗之神》腳下踩著的也是這四種動物。

拜占庭藝術經常描繪匍匐在地上的獅子（例如拉芬納大主教邸的馬賽克鑲嵌畫），或者展現出東方風格徽章型，像要攀爬講壇的獅子（例如雅典、拜占庭美術館的浮雕），也有沉睡在墓碑旁戰士腳邊的獅子。到後來，奧頓的何諾影響波及哥德藝術，獅子變化成假基督的形象，亞眠的雕刻便是其中一例。假基督化成人類，比獅子化成人類似乎更能勾起中世紀末期藝術家的創作欲望。

德國某幅木版畫（一四七五年，圖83）中，描繪著假基督藉由剖腹誕生的場景。在誕生的同時母親氣絕，魂魄從口中飛出，馬上被恐怖的惡魔之手抓住。陰鬱的北方庶民版畫家經常以「假基督」、「異端」或是「妖術」等為主題。如此樸素的假基督表現方式，最終在奧維耶托的壁畫達到巔峰，原因在於希紐列利將這場景當成其中一幅地獄壁畫的主要概念。

圖84　皮膚呈瘤狀的惡魔，
克拉科夫的聖母院，十五世紀

書目註記

1. Hortus deliciarum, Herrad of Landsberg, 12th C.
2. Le livre des merveilles, Marco Polo, 1299.

龍的幻想

圖85　慰藉的果園，細密畫，十四世紀初，
巴黎國立圖書館（七個樹根變成蛇的《邪惡之樹》）

前面已經提過初期基督教藝術中，借用動物形體來呈現惡魔的種類僅限於：獅子、巴西利斯克、阿斯庇斯與龍，不過自古以來，更多地區將阿斯庇斯（蛇）視為完全邪惡的象徵。蛇作為誘惑者的角色始於《舊約》與夏娃的對話，而在基督教圈以外，蛇在許多國民間也有象徵著「偽善」與「女性」的名聲。據說惡魔喜歡蛇類富有圓滑、柔軟的姿態。中世紀的木版畫與細密畫呈現的地獄及「誘惑」主題也好，隆格多克修道院藝術大放光彩的古老「淫蕩刑罰」概念也好，蛇的身影總是伴隨著罪人及叛教者占有重要位置。

甚至在但丁的地獄中，大群的蛇聚集在一起，綑綁住犯了竊盜的罪人雙手、完成刺穿他們身體的任務。

「蛇從後方綁住他們的雙手，用蛇尾與頭部刺進腰部，在身前緊緊打結

看這裡，有條蛇飛向站在靠近這岸邊的人，刺進他的肩頸連接處。」

——第二十四曲

這條像蛇類的怪物，是眼神具有殺傷力的巴西利斯克。根據傳說，牠是由癩蛤蟆孵化公雞蛋生出來的動物，某種公雞似乎在第七年會生下這種蛋。牠在中世紀動物誌中盛大登場，不過起源恐怕是印度桑奇佛塔（西元前一世紀）的怪獸，或者是畢瓦巴神殿（七四〇年左右）北壁上展現怪異形體的梵天靈鳥。西歐的羅馬式雕刻，除了威澤雷的柱頭等範例，並沒有呈現那麼多怪物。一

直到非常晚的時代，卡爾帕喬的《聖喬吉歐傳》系列作（威尼斯，聖喬吉歐斯基亞沃尼會堂）之一才出現怪獸，此時怪獸樣式已極度固定，隱含著十三世紀當時的學者所賦予的凶惡性質。

龍族也是自古以來在惡魔藝術領域的主要角色。然而在被認為是龍形態學起源的中國及高棉藝術中，比起邪惡的象徵，龍更是人類的守護神，或者被視為魔法般祕法的體現者。在此意義上，魔法般的龍就像是環繞著伊底帕斯王奧祕謎團的東方斯芬克斯，西歐承襲靈知派的煉金術思想中，同樣會見到神祕的龍族譜系。

正如拜蛇教教義中，咬著自己尾巴的「銜尾蛇」象徵著別的宇宙，某種從亞力山卓傳來的中世紀自然哲學中，龍是宇宙四大支配力量的象徵。

然而即使亞洲起源的龍族形態，替中世紀末期基督教藝術帶來技術上的刷新是事實，但並不是沒有原本古代流傳下來的歐洲龍族原型，比方說塔基尼亞的伊特魯斯克壁畫中，描繪著一頭迦勒底風格、長著巨大翅膀的龍，這相當接近形態學上的神話式原型。

時間往後推移到羅馬式雕刻，例如在木瓦沙克的柱頭、翁臺各的聖米歇爾教會、阿列地區的訥維教會正面玄關等處，與修道士戴奧飛一同登場的龍身上，六、七世紀時迎向黃金時期的拜占庭科普特染織紋路的影響逐漸變強。海因里希二世的《班伯格啟示錄》（十一世紀初，班伯格圖書館）[1]及沙伊恩派啟示錄《早晨之書》（十三世紀初，圖86）中出現的七頭龍也擁有鳥類的翅膀，是樣式極度固定、東方風格的龍。隨著時代過去，龍所蘊含的東方要素越加濃厚且逐漸變得複雜，這在其他中世紀動物圖像裡很普遍。哥德的龍族裡面，也有具備怪異頂冠的種類。

巴爾特魯沙帝斯分析十三世紀時長在惡魔背後的蝙蝠翅膀，證明了這是源自遙遠中國及日本等的極東藝術。我們能在羅文的日課經、安傑的壁毯或亞西西教堂上院的喬托壁畫（一大群被聖方濟各驅逐出阿雷吉歐城鎮的惡魔在天空中飛舞）見到典型長了蝙蝠翅膀的惡魔，同樣的進化也能在惡魔化身的龍族怪獸形態上見到。

換句話說，蛇在羅馬式藝術中既沒有翅膀也沒有腳，不過在哥德藝術中變化成長著膜質翅膀的龍。不管是聖米迦勒長槍下痛苦打滾的爬蟲類、增加啟示錄幻想色彩的七頭怪獸、從尚・普塞爾到富凱的細密畫中天差地別的龍也好，都經常呈現出這種誇示膜質翅膀的亞洲龍族，這種形式到十三世紀以後變得永難撼動。

到了迎接文藝復興曙光之時，龍變成戰士武器的裝飾，進入新的領域。徽章最常用的圖案除了火蜥蜴和蛇之外，再來就是龍了。義大利的盔甲中，有種如耳朵般在兩側立著膜質翅膀的怪異風格面具，有些戰馬頭部戴著的盔甲也裝飾著奇異的頂冠（圖87）。

雅科波・貝利尼的素描（圖88）中，騎士駕馭的馬匹頭部戴著盔甲，胸口裝飾著巨大的膜質翅膀，頂冠呈鬃毛狀，長長延伸到馬尾，有如騎士騎乘在華麗的地獄之龍身上。正如布克哈特相

圖86　沙伊恩派啟示錄《早晨之書》，
慕尼黑國立圖書館，十三世紀

當貼切說過的，在當時的義大利，連戰爭都被視作藝術。李奧納多・達文西最早想出具有蝙蝠翅膀的飛行機械時，說不定在他的心中、無意識裡存在著可謂直接否定中世紀秩序的叛逆天使圖像沒錯。路西法也好，伊卡洛斯也罷，都因為獲得翅膀高飛卻受到懲罰。在將惡魔圖樣實體化的李奧納多一類藝術家，與銀製胸甲銘刻著「神、憐憫、慈悲之敵」戰鬥的魏爾納・馮・烏爾斯林根（Werner von Urslingen）一類的傭兵隊長之間，是否能確切見到撐過轉換期的人類身上有著共通、等同於某種精神之處呢？

在任何地方、任何時代的民間傳說中，都能發現龍族與天使、龍族與騎士之間「戰鬥」的故事。希臘羅馬的世界中有優里皮底斯的悲劇，斯堪地那維亞的世界中有齊格菲打倒怪獸法夫尼爾的傳說，此外日耳曼神話中，圓形的大洋環繞著大地，而棲息於大地會吹起恐怖風暴的「中土巨蛇尤蒙剛德」傳聞也與雷神索爾打過架。

這些故事的起源不明，不過從適用於神話與藝術的精神分析學觀點來看，很明顯無論哪個故事都表示出人類的自由與欲望戰勝了對夜晚的不安及對性的恐懼，英雄與半神不過是透過戰鬥克服了古代世界的不安及性壓抑的人類別稱。

然而在基督教世界中，與龍戰鬥意味著與異教戰鬥。這種情況下，所謂異教是所有當地風俗的統稱。可謂是伊底帕斯及柏修斯繼承者的聖米迦勒及聖喬吉歐，必須以啟示錄為媒介，與新成為地獄霸主的龍戰鬥。

圖87　武器的裝飾
左／義大利的頭盔，十六世紀
右上／亞拉岡王海梅的頭盔，十三世紀
右下／馬的鎧甲，十五世紀

圖88　雅科波・貝利尼，
素描，羅浮宮

首先來看聖米迦勒的構圖，作為其戰鬥對手的怪獸形態逐漸變化的過程，恰巧與中世紀惡魔圖像學的發展一致。拜占庭藝術中是沒有腳的蛇，但是在十二世紀的義大利一口氣拋棄了傳統形態，變身成為各種極度醜陋的惡鬼。我們可以在威尼斯派巨匠——卡羅．科里魏里的《聖米迦勒》圖（十五世紀，倫敦國家美術館）見到如此極端的例子。

此時所有波斯薩珊王朝風格的龍族特徵已經無影無蹤，全都是些人類與爬蟲類誕下的怪異雜種後代。

聖喬吉歐的主題在聖徒對怪獸爭鬥的構圖中，導入了身為第三者的女性，也就是聖母瑪利亞、騎士與怪獸的構圖，這可連結到柏修斯、安朵美達的古代神話，為希臘化的三位一體。如果說聖米迦勒的勝利是基督教信仰相對於野蠻及罪惡的勝利，那麼柏修斯的勝利則是人類的愛戰勝死亡吧！在此意義下，其構圖本身也可謂象徵著文藝復興理念萌芽。

從羅傑爾．范德魏登（牛津）、格倫狄．迪．菲臘拉（翡冷翠舊美術館）、帕里斯．博爾多內（Paris Bordone，梵蒂岡畫廊）、保羅．烏切羅（巴黎，賈克瑪－安德烈美術館）等描繪的場景到米歇勒．科隆布（Michel Colombe，羅浮宮）的雕刻，基本構圖同樣都是穿著鎧甲的聖徒用長槍刺穿長著鱗片的巨大怪物，旁邊則是聖母在美麗的風景中祈禱著。那麼如果將聖母替換成異教風格的安朵美達，我們馬上就知道這構圖與本威奴托．切利尼的柏修斯像臺座浮雕（翡冷翠，傭兵涼廊，一五五三年），或者更後代的安格爾著名場景（倫敦，國家美術館）的構圖有異曲同工之妙。

那麼，要說烏切羅的聖喬吉歐是極度單純的風景圖像式構成也好，又或令人聯想到表現派舞臺裝置的洞窟非現實描繪法也罷，如果那是展現出直接連結哥德式傳統、集十五世紀義大利精神為大成者，那麼克拉納赫（圖89）、阿爾道夫（圖90）處理聖喬吉歐題材那魔法般的場景，可謂是透過充滿恐懼的原始森林與龍族，展現北方日耳曼自然哲學理念的作品。

馬賽勒・布利昂曾評論過阿爾道夫的場景（一五一〇年）：

「那尺寸雖小，卻是個小宇宙，是個宇宙開創論。龍族棲息在植物蒼鬱繁茂的森林中心，人類不曾刻意踏足其中。也就是說，龍族的巢穴被視為等同於精怪故事中鬼怪或魔女的住家。平常人類不會跨越這森林的邊界，然而只有與自己戰鬥的人、只有企圖戰勝自己內在龍族的人，才能抵達森林深處。」

——《幻想藝術》

德國繪畫中如此呈現的聖喬吉歐，是個求取伯倫希爾與法夫尼爾寶藏、在森林深處迷路的尼伯龍根傳說英雄，精神上與齊格菲是同族。從龍族的形態來看，那圖像學上完全避開簡化成宛如義大利中世紀惡魔，呈現出形態怪誕不規則的怪物值得注目。克拉納赫的龍、阿爾道夫的龍反而都是接近鱷魚般的生物。

龍族在歐洲北方藝術概念中位於遠東，意味著支配宇宙四大之力。而龍族特別被視為屬於惡魔領域是在基督教以後，支配古代宗教的神性全都被視為應該征服的邪惡象徵、應該壓制的本能化身之後才開始的。不僅如此，龍族更變成與基督教精神抗衡的獸性自然象徵，化身農夫與樵夫開墾土地時不得不對抗的惡劣自然環境，也就是森林的象徵。

馬賽勒．布利昂指出，從阿爾道夫、克拉納赫及雷翁哈德．貝克（Leonhard Beck）的《聖喬吉歐》到格呂內瓦爾德伊森海姆祭壇畫中《隱者的對話》，或者柏克邁爾（Hans Burgkmair）的《帕特莫斯島的約翰》，文藝復興初期描繪陰暗日耳曼森林的北方繪畫，都必須從背景脈絡來理解。

最後我想提個中世紀龍族圖像的變種——經常藉由龍或蛇來呈現的「邪惡之樹」七個分枝或者七條樹根。巴爾特魯沙帝斯曾旁徵博引各種例子論述動物的頭接上植物的根或分枝這種幻想的阿拉伯式花紋起源於遠方亞洲，不過此處希望僅針對適用於宗教理論、作為西歐中世紀象徵性構圖的「邪惡之樹」來論述。

「邪惡之樹」的徽章型構圖最早出現在十二世紀初，經院主義神學家雨果．德．聖維克多爾著作的《肉體與精神之果實》插畫中，一棵樹木的樹幹寫著「傲慢」，往土地裡延伸的八條樹根各自寫著七宗罪．嫉妒、虛榮、憤怒、悲傷、貪婪、暴食及淫蕩。由十三世紀道明會教團修道士羅蘭編輯、奉獻給無畏王者菲利普三世的《王者大全》中，也描繪了「邪惡之樹」的徽章型圖樣，不過其中的七宗罪是各自以《啟示錄》的七個野獸頭部來代表。

圖89　克拉納赫《聖喬吉歐》，
翡冷翠，烏菲茲美術館

圖 90　阿爾道夫《聖喬吉歐》，
慕尼黑，慕尼黑舊美術館

不僅如此，位於英國薩弗克郡荷克森的壁畫（十四世紀，圖91）中，其「邪惡之樹」的構圖為樹枝前端各自長成七頭龍，左右各三頭，正中間的一頭連接在樹幹頂部。七頭龍都從口中吐出擬人化的惡德半身像，樹下還有兩隻小惡魔。

此外，《慰藉的果園》細密畫（十四世紀初，圖92）是將圓形的圖分為上下兩部分，呈現地面上與土地中的樣子。在土地中長長延伸成扇形的七條樹根各自成為蛇的身體，在蛇尾突出處連接著擬人化的惡德像。地面上樹幹附近有兩位音樂家與一隻惡魔，樹幹上的王座坐著女王，也就是所謂的反聖母，這位女王正是以土壤中繁盛的七宗罪為養分，在樹上綻放的惡德之花吧！對應著純潔的聖母瑪利亞在《耶西之樹》的頂端大放光彩，《邪惡之樹》的頂端同樣也有著惡德的瑪利亞君臨天下。

圖91　荷克森的壁畫，英國，
薩弗克郡，十四世紀
（七根樹枝變成龍）

圖92　《慰藉的果園》，細密畫局部，
十四世紀初，巴黎國立圖書館
（七個樹根變成蛇的《邪惡之樹》）

書目註記

1. Bamberger Apokalypse, Heinrich II, 1000-1020.

圖93　角像牛角的惡魔，桑滕教會修道院，十五世紀的壁畫

誘惑圖

圖 94　騎乘著魚在天空飛翔的男女，波希《聖安東尼的誘惑》，
里斯本國立美術館

所有中世紀藝術中，不以呈現惡魔為基礎者，便是難以脫離恐懼魅力的信仰。確實從美感及人性來看，散布出去的傳說發揮了令人不得不沉默的詛咒束縛力量。然而說到底，相對於美感的魅力會受到時代與風俗的限制，因滿足某種規範而成立，恐懼的魅力則無視一切規範，立身於混亂無秩序與過剩之中。自古以來，人類有多少社會與文明，就會創造出多少相互矛盾的美感規範，然而對於恐懼，卻幾乎沒有設立某種根據基準。也就是說，惡魔藝術原本就是跨越時代與風俗、具有國際性質的，這點也是巴爾特魯沙帝斯能在其細緻的惡魔圖像學研究中，強調東洋與西洋的交流甚至到令人認為有點專斷的理由。

二十世紀的超現實主義飛越了數百年的隔閡，在中世紀神祕的陰影中探索與自己類似的身影，同時也是起因於超越恐懼藝術時空的共通性所造成。

薩德侯爵在《索多瑪一百二十天》[1]中曾如此斷言：「快樂時令人感到愉悅的，明顯是恐懼以及醜陋。美麗是純粹的，而醜陋是異常的。那麼比起純粹之物，劇烈的想像力總是更加喜歡異常之物」，然而見到恐懼的魅力、異常的魅力與原始人咒術方面的欲望合而為一，在造型藝術的歷史中遠早於美的規範出現，這事實頗值得玩味。

就現象學而言，所謂惡魔之物是「展現出純粹攻擊性的非存有」（恩里科・卡斯特里〔Enrico Castelli〕），那是針對存在正統性源源不絕的否認、誘惑，如果現實主義與規範性的美代表實際存在，那麼惡魔之物便屬於虛無的領域。因此惡魔藝術中，比起追求客觀世界中嚴謹的形與色，主觀性無限制的表白本身更是問題，所謂惡魔之物，距離客觀能有多遠就多遠，而且會過度欺騙客觀性，換言之，可謂是僅僅存在我們內在之物的別名。

身為波希辯護者的西班牙神學家——西古恩薩大師（José de Sigüenza）曾說過：「這位男性的畫與別人的畫之間的差異在於，相對於別人的畫像是從外側看著人類描繪的，只有他是下定決心從內在描繪人類」，這句話一針見血地看透惡魔藝術的本質，值得注目。

戴爾都良（Quintus Septimius Florens Tertullianus）稱呼惡魔為「模仿神的猴子」，惡魔會破壞神創造的秩序，散播沒有條理、混亂的種子。波希的畫面中，工具或器物會造反、長出手腳活動，只不過是惡魔否認存在要求的最極端表現方式。

人類受到日常使用的工具、樂器、骰子、燈座與鑰匙等等拷問，既是存在一側針對人類的復仇，也是「展現出純粹攻擊性的非存有」的反論表現。換句話說，這些活生生的工具與惡魔，是存在及非存有為了反叛創造出的秩序而聯手起來的同盟軍。

所謂的誘惑是「試煉」，而試煉不過是惡魔無視神明的創造、企圖實現混沌世界的嘗試。從人類一方來看，惡魔的試煉既是「攻擊」，也是「誘惑」，拉丁語的誘惑（temptatio）一詞包含了這三個意思。

如此看來，所謂的惡魔，是人類虛無外在化的反映，也是人類熟悉的「第二自我」，畢竟佛洛依德曾說過：

「對原始人而言，精靈或惡魔不過是他感情傾向的投射。他將這種傾向人格化，讓如此誕生的化身居住在世界，由自己的外在重新發現他自身的心理過程。」

應該可以理解誘惑的主題之所以占據惡魔藝術領域絕大位置並非偶然。直接在藝術家的內在將佛洛依德概念中自我對抗的機轉昇華，外顯於場景內，便是所有《誘惑》圖心理學層面的意義。成為北歐畫家虛妄執念長達一世紀半的《聖安東尼的誘惑》主題，透過波希的畫筆，無論多少怪誕的嘗試都已不再令人訝異，畢竟身為「從內在描繪人類」的畫家，一生中必定遭遇無數衝突，這不過是理所當然到極點的問題設定之一。

巴爾特魯沙帝斯針對極東藝術中《佛陀的誘惑》以及西歐《聖安東尼的誘惑》之間可見到的相似之處，發表了一如往常卓越的意見。

菩薩坐在菩提伽耶的菩提樹下冥想，而魔神魔羅（Mara，與日本意為男性性器官的魔羅是同個詞）使盡所有手段來誘惑菩薩，像是送他三位美女，或者派遣惡魔軍隊出現在他面前。這支軍隊裡「某個惡魔有千張嘴，別的惡魔則有大大的肚子，長得很奇怪。他們會喝血、吞食蛇類，揚起不堪入耳的吼叫、散布黑暗，拿著長槍、弓箭、棍棒等武器」（馬頌．烏賽爾）。

圖95 《佛陀的誘惑》，十世紀，
吉美博物館

另一方面，在埃及的科普特地區流傳的沙漠隱者安東尼傳說，是由他的弟子、亞力山卓的教父——亞達納亞於四世紀時傳至西歐的。科普特地區位於東西交流的叉路，沙漠隱者安東尼傳說在傳入西歐之前，被認為是源自古早的亞洲故事且經過各種潤色產生的。許多學者證明了安東尼本身是印度血統的人，不過最重要的是，描繪《佛陀的誘惑》的十世紀中國壁畫（圖95），其構圖幾乎與西歐的誘惑圖一模一樣，這點算是安東尼傳說東方起源論的決定性依據。

傳說的內容透過福婁拜的小說廣為人知，至少對中世紀末期的西歐藝術家而言，這個主題似乎是恰好拿來解放惡魔式幻想的藉口。換句話說，這是在描繪隱藏於宗教性主題中的誘惑圖。主題不過是個手段，畫家則一心專注在恐懼與色情的魅力。藉由場景上創造出的幻影，畫家誘惑著聖安東尼，自己也必定會受到這些幻影誘惑。

誘惑圖對畫家而言，等同於向自己及世界驗證其內在幻想、恐懼魅力的試金石。恐懼的藝術家首先有必要選擇自己身為誘惑者，同時也是受到誘惑者的立場——這就是「誘惑」主題在人類學上的意義。

在德國及法蘭德斯開啟惡魔藝術流行開端的是法國科爾馬市的畫家——馬丁・尚高爾（Martin Schongauer），他的《誘惑》圖銅版畫（一四七三年以前，圖96）中，有個情節被認為是從前E. S.大師之木版畫（一四六六年）獲得的靈感。雖然說聖徒與整群惡魔在空中飛行的構圖是以傳說為根據，不過最初是尚高爾創作，後來由克拉納赫、揚・曼登（Jan Mandijn）、若阿基姆・

帕蒂尼爾（Joachim Patinir）、馬騰・德・沃斯（Maarten de Vos）、揚・德・科克（Jan Wellens de Cock）等藝術家傳承下去。

這種不可思議的空中飛行圖（或者該說是空中飄浮？），究竟是不是呈現聖徒因信仰獲得喜悅的圖呢？如果惡魔的拷問也算是神明賦予的試煉，這是否是身為聖徒、致使人進入忘我境界的機緣呢？——然而這種時候，惡魔藉由將聖徒帶到空中，製造出意識曖昧不明的情況。所謂曖昧不明的情況，既會勾起聖徒心中的疑惑，也會難以辨別惡魔與天使。

聖徒絕對會為眾多疑惑所苦。折磨自己身軀的傢伙究竟是不是神明的使者？如果是的話，那自己應該感謝神明的試煉並感到喜悅吧？但是如果就這麼輕率地感到喜悅，而它們卻是真正的惡魔，那自己不就中了惡魔的詭計，屈服於誘惑了嗎？話說回來，真正的惡魔有沒有把人帶到空中的能力……？

所謂誘惑，是在疑惑中成立的。冒出大量疑惑正是惡魔的誘惑。明明大自然應該是有固定規律的，然而聖徒周圍蠢蠢欲動的詭異傢伙卻不停地動搖自然、不停散播疑惑的種子，逼迫聖徒去解答、去理解。聖徒是有想去理解惡魔造成的混沌現實吧，但如果試著去解釋，懷疑世界是否就是拋棄信仰的第一步呢？如果想要堅持信仰，就必須拋棄解釋世界的意志，不看現實、切斷混沌的現實。看著現實的人會破滅，懷疑者會墮入地獄，聖徒心裡很清楚。

圖96　尚高爾《聖安東尼的誘惑》，銅版畫

正因為如此，幾乎所有十五世紀後半到十六世紀初在德國、法蘭德斯的誘惑圖中，聖安東尼都帶著某種興趣缺缺、敷衍了事、停止判斷的表情。「相對於怪物實在是綿延不絕，使盡絕活搞得天翻地覆，聖安東尼的表情整個死氣沉沉，簡直就像他毫不關心眼前這些景象一般」，東野芳明先生寫的這段話（《石窟畫家》）可說是十分貼切。

聖徒為了達成聖德，即使飽受惡魔折磨，也必須堅持靈魂無動於衷。不能逃跑，也不能反抗。逃離或對抗非存有（惡魔），意味著自己會陷入惡魔附身的狀態，踏入虛無深淵。相反的，只要不承認虛幻的現實，無論受到多少棍棒亂打，聖徒應該也不會有絲毫皮肉傷，因為對方全都是虛無的。在頑固拒絕承認這種崩裂現實的時候，神的恩惠會自動降臨聖徒身邊——中世紀末期宗教藝術圖像學向我們呈現的隱者表情，全都是對這種事情了然於胸的表情。

那麼這位隱者無動於衷的表情逐漸崩解的過程中，我們可以直接感受到中世紀宗教權威崩壞的餘韻，舉個例子，來看看波希有名的里斯本三聯畫左側部分。

聖徒以仰望的姿勢坐在張開膜質翅膀翱翔於空中的巨大青蛙肚子上，附近有背著桅桿斷裂的船飛翔的怪物、張開大嘴的魚、拿著鍋釜的未知妖怪到處亂飛。像在象徵魂魄遇難般，聖徒身處這晦暗的空間，逐漸遺忘無動於衷的表情，不禁雙手合十擺出祈禱的姿勢。

誘惑之所以造成真正危機，大概是在波希這三聯畫中，惡魔無視於聖徒絕望的祈禱，打算更進一步追加恐怖攻勢的時候……。

圖 97　波希《聖安東尼的誘惑》
右側局部，里斯本國立美術館

圖 98
尼克勞斯・曼努埃爾・德意志
《聖安東尼的誘惑》局部，
伯恩歷史博物館

風格完成，雖然不及格呂內瓦爾德，卻認知到最強烈的誘惑是恐懼的畫家，除了伊森海姆祭壇畫的作者，還有另一位，那就是尼克勞斯．曼努埃爾．德意志（Niklaus Manuel Deutsch）。伯恩博物館的《誘惑圖》（一五二〇年，圖98）中，可認為幾乎只存在薩德侯爵所謂的「醜陋的魅力」，不過，究竟是不是真如薩德侯爵所說，醜陋會吸引人呢？

尼克勞斯．曼努埃爾比任何人都清楚知道如何捕捉令人作嘔的惡魔性質。外貌如狼的醜陋惡魔張大裂到耳邊的嘴巴，對著聖徒的臉吐出胃中穢物。另一方面，長得像鳥的怪物從嘴巴縫隙間伸出黏答答的喙部，另外兩隻怪物也同樣伸出長長的舌頭威嚇聖徒。畫家絕對是透過黏性的嘔吐物意識到所謂誘惑的觀念，就這點來說，或許他可說是沙特存在主義古早的先驅。話說回來，左側拿著棍棒揮舞的惡魔身體，是不是很像小說《嘔吐》[2]裡讓羅岡丹感到噁心的樹根呢？

如果對這場景感到抗拒，必然是因為噁心的結果。噁心感無所不在的畫面中，只能視之為虛妄的現實來抗拒。如果知道尼克勞斯．曼努埃爾身為認同宗教改革者、強烈彈劾羅馬教皇的權力，也就容易察覺在正統基督教支配下的這個世界對他而言，或許只有滿滿的厭惡。若以存在主義的印象來翻譯恐懼一詞，換句話說會變成噁心。

北方藝術的惡魔一般明顯為雜交、變成怪異的動物形態，而在義大利誘惑圖中登場的惡魔則是四肢健全的人類外貌。阿諾洛．加第（Agnolo Gaddi）的壁畫（十四世紀末，圖99）中，宛如日本鬼怪、有著犄角與獠牙的惡魔揮舞著棍棒，而薩塞塔的版畫（十五世紀初，圖100）中，鞭打聖徒的兩隻惡魔，以及一隻雙手抓著蛇飛起來的惡魔，其外形都很類似人類。

然而，其中也有展現面貌怪誕無與倫比的，就是在伯納多．帕倫鐵諾的場景（十六世紀初，圖101）中登場的惡魔，這也毫無疑問是人類的外形，而聖徒附近的兩隻惡魔戴著類似非洲土著的面具，也像是日本舞獅頭十分具有特色的面具，從這裡應該可以看出帕倫鐵諾身為恐懼藝術家優越的獨創性。

畫家透過恰巧的情境捕捉到面具被注意到的惡魔性質。所謂面具，是切斷自己與人性之物，也是賦予幻影生命、咒術般的小道具。如果「模仿神明的猴子」這惡魔戴上面具的話會如何呢？平常存在與非存在、現實與虛妄之間的關係恐怕會接受更複雜的增幅作用無庸置疑。對刻意製造出曖昧不明狀況的惡魔而言，這正中下懷。對我們而言，比起揮舞棍棒的人類惡魔，帶著面具的惡魔更令人強烈感受到不悅，就是這個原因。

不從超自然而是從自然的立場來觀察邪惡，是義大利畫家的慣例，然而帕倫鐵諾這點上屬於特例，似乎顯示出他與德國畫家的類似之處。蹲踞在左側的怪物身體透明、有如骸骨，嘲笑似地歪著下巴，手拿著彌撒經本（圖102）。右上方岩石上，臉朝後方的惡魔從屁股噴出一直線的惡臭液體。不僅如此，正中間的惡魔大剌剌露出毛髮濃密的腰部以及整根陰莖試圖讓別人仔細瞧瞧……。

圖99　薩塞塔《聖安東尼的誘惑》，新哈芬，賈維斯蒐集

圖100　阿諾洛．加第《聖安東尼的誘惑》，翡冷翠，聖十字大教堂的壁畫

圖 101　伯納多．帕倫鐵諾《聖安東尼的誘惑》局部，羅馬，多里亞美術館

圖 102　伯納多．帕倫鐵諾《聖安東尼的誘惑》局部（蹲在左側角落骸骨般的惡魔）

十五世紀起，連串的《誘惑》圖中，幾乎沒有女性的裸體登場。

波希的裸體並非為了誘惑，而是象徵。十七、十八世紀畫家描繪出女性裸體作為淫蕩的諷喻時，早已喪失大半中世紀神學上的動機。從十五世紀末到十六世紀初的畫家——像是盧卡斯．范．萊登、尼克勞斯．曼努埃爾等人的《誘惑》圖中出現的女性，全都穿著講究華美的服飾，恐怕看不出誇耀肉體魅力的風格。她們與其說是女性，說是虛榮的象徵更恰當。

揚．德．科克的誘惑圖中沒有怪物的身影，而是四位女孩穿著透明薄紗、帶著王冠站在聖徒面前；德．布雷斯的畫中，有位長著鹿角的老婦人帶自己兩位女兒給聖徒看；彼得．惠斯（Pieter Huys）的誘惑圖（羅浮宮）中出現露出乳房、臀部有刺青的東洋風格女性；普拉多美術館收藏有據說是帕蒂尼爾及昆汀．馬西斯作品的誘惑圖，其中有三位遞蘋果給聖徒的年輕女性登場。無論哪幅畫，年輕女性的身旁都有老婦人，似乎在暗示著她們是虛榮的象徵。

為了誘惑隱士，惡魔先讓虛榮的女性站出來，自己則等在女孩後面。然而地獄誘惑的手法，最終變成所謂的恐懼，變成更加直接、更加通俗的武器。我們剛剛概略見識到從格呂內瓦爾德到帕倫鐵諾，文藝復興初期恐懼藝術如何散布——最後，有位在十七世紀獨創《誘惑》圖的作者，他與賈克．卡洛都是會提到的恐懼畫家名人，那就是薩爾瓦多．羅薩（Salvator Rosa）。

圖 103　盧卡斯・范・萊登《聖安東尼的誘惑》，銅版畫

圖 104　薩爾瓦多・羅薩《聖安東尼的誘惑》，
科爾迪羅迪美術館

羅薩的《誘惑》圖（聖雷摩，蘭巴爾迪．迪．科爾迪羅迪美術館，圖104）中，有個身體細長的怪物威嚇般地站在拿著十字架摔倒的聖徒面前。那詭異的怪物長著馬一般的臉、鳥類骨架般的翅膀、軟管般的脖子，以及女性的乳房。不過對我而言很有趣的地方在於怪物那好幾個關節支撐起異樣細長的下肢，令人聯想到後來達利畫的聖安東尼圖。讀者應該也能注意到聖徒拿著十字架的姿勢與達利畫作相同。

日本妖怪中，好像有個每當看到的人抬高視線，就會越長越高大的「次第高」，薩爾瓦多．羅薩畫中聖徒抬高視線看著的惡魔是不是也很像這個次第高呢？此外，達利畫中腳細長到變成蜘蛛腳的大象、肌肉發達挺胸站立起來的馬，或許是一種「次第高」現象也說不定喔？聖徒一邊想著不能看、不能看，一邊不小心抬高視線看了這個怪物。怪物細長的腳彷彿長了無數個關節的昆蟲，每當聖徒抬高視線，怪物的腳便有如伸縮自如的三腳架不停延伸，最後長成身高突破天際的怪物。

圖 105　薩爾瓦多．達利《聖安東尼的誘惑》，個人收藏
©DEMART PRO ARTE B.V. 2001

書目註記

1. Les 120 journées de Sodome ou l'école du libertinage, Marquis de Sade, 1904.
2. La Nausée, Jean-Paul Charles Aymard Sartre, 1938.

圖 106　雞臉惡魔，十六世紀，德國木版畫

死亡的恐怖與魅惑

圖107　《聖瑟韋的貝亞圖斯》（巴黎國立圖書館，第一四五頁），
帶著金色皇冠、長著人臉與女人頭髮的蝗蟲怪，
站立在上方的是魔王

隨著世界沒落或末日觀逐漸變得嚴重，「死亡」的幻影喚起十三世紀到十五世紀所有中世紀人心中異常高度的共鳴。以「死亡」為媒介的某種平等思想，宛如壯闊的管風琴聲響傳遍瀕臨崩潰的中世紀社會每個角落。

藝術家醉心於死亡的幻影，這時代不正可謂是「中世紀之秋」嗎？暖爐架上裝飾著骷髏，酒壺上也刻著所謂「記住你終將一死」(memento mori) 的名言，生活中隨處可見死亡思想。不僅藝術家如此，為何就連修道士、貴族與庶民都展現出執著於「死亡」主題的關切呢？其理由之一，首先會想到的是一三四六年起源於克里米亞半島，登陸義大利後，北上擴展到法國、英國甚至挪威，奪走眾多人命的「黑死病」鼠疫。比方說比薩公墓的壁畫《死之勝利》(十四世紀中期，圖108)，似乎與稍早之前威脅過翡冷翠這個城鎮的鼠疫大流行有關，其中描繪著屍橫遍野的景象、張開蝙蝠翅膀飛翔揮舞大鐮刀的死神，可顯示因疾病而死亡不可抗拒的力量。

死亡主題流行的理由只歸於疾病當然是錯誤的，懷金格也寫過一個例子：

「乞討修道團出現以來，向大眾傳教逐漸普及之後，戒慎約束的聲音最終擴大成脅迫的合唱。」

——《中世紀之秋》

這個乞討修道團也就是十三世紀以後以義大利為中心活動的方濟各修道會，他們向民眾勸說耶穌基督會在貧窮與苦行中與人同在，為最能體現中世紀禁慾苦行共同體理念的信徒團體，其禁慾的理想對哥德末期的宗教劇及藝術產生了決定性的影響。

在湯瑪斯．曼的《魔山》[1]中登場的詭異中世紀主義者納伏塔（Leo Naphta），見到哥德時期萊茵派的《聖殤》像——木頭雕著耶穌基督渾身是血與汗，手腳從解剖學上來看誇張無力地下垂，流露出極度陰鬱苦悶的表情後，說了下面這段話：

「這並非某位奇妙的紳士創造出來的，而是佚名作品，屬於相當後期的中世紀、屬於哥德時期，也就是禁慾的象徵。明明是在表現受到十字架刑的耶穌基督，但這雕刻卻如你所見，全然沒有羅馬時代仍舊認為必要的修飾或美化，像是皇冠、相對於世俗的崇高凱歌、殉教死等等。」

所謂中世紀的禁慾苦行，是像這樣佚名且共有的，展現以神為媒介受到拷問之苦的愉悅，那描繪扛著十字架的耶穌基督、荊棘頭冠、鞭打、十字架刑、聖殤、納棺入殮等各種耶穌基督肉體的磨難，產生時時令人異常痛心、誇大死亡醜陋的傾向。

無論怎麼說，最恐怖、醜陋的死亡就屬耶穌基督的死亡了。

如果說創造出《最後的審判》以及《地獄》等主題，是讓眾多惡魔的肖像登場作為末日思想之視覺呈現，那麼從另一方面來看，由末日思想衍生出的「死亡」幻影果然與前述那般圖像學上的發展幾乎沒有關聯，可謂總是終結於「死亡」本身的相貌。換句話說，數世紀以來，死亡本身的姿態在造型藝術或文學中，是以難看的老人、老婦、騎馬的《啟示錄》騎士或是以骸骨的身影來表示，然而死亡的事實原本就是一種無法描繪成可觀察到形態的生理現象，因此除了藉由人類受到死亡侵襲的身影來代替死亡本身這種矛盾的認知手段之外，並沒有其他具體呈現的方法了。

由此可知，對死亡的恐懼就如對惡魔的恐懼，並非恐懼純粹的虛無，而是恐懼人類存在的變化，也就包含著疾病、老醜、腐敗在內，人類必然的宿命以及恐懼時間。

喬治・巴代伊曾說過：

「死者對殘存的人而言是危險的。他們之所以必須埋葬死者，與其說是為了保護死者，不如說是他們自己為了避免受到『傳染』。『傳染』的觀念經常與屍體腐敗連結在一起，人們恐懼這點，並見識到其攻擊性的力量。生物學上稱為腐敗的渾沌命運類似於新成的屍體，自己本身蘊含著不祥的性質。雖然現在的我們不相信接觸巫術，然而我們之中的某人即便只看到滿是蛆蟲的屍骸，也可說會不禁臉色發白吧！」

——《情色論》

即使如此，大多數十三世紀的藝術家卻藉由呈現安穩、甜美的屍體而感到滿意。屍體並非恐懼的對象，更像是給予慰藉之物。將屍體視為極度醜陋、令人恐懼的形象，開始詳實細緻描繪，是自十四世紀末期、具備某種程度寫實的表現能力之後，「墓碑上描繪著裸露屍體各種可怕的姿勢，像是有的正在腐爛或者攣縮，手腳痙攣僵硬、嘴巴裂開，蛆蟲在內臟中蠕動」（懷金格）。

比薩公墓的壁畫一角畫著樹林中放著三副棺材，棺材裡有腐敗的屍體，出來狩獵的武士及貴婦一行人撞見這悽慘的光景，不禁皺起眉頭、捏著鼻子發抖（左半部）。

棺材內的屍體呈現三階段的腐敗狀態：首先第一具屍體已經發酵，臉頰與腹部膨脹；第二具屍體的肌肉掉落，露出半個顱骨；第三具屍體雖然還有肌肉殘留，但幾乎已經完全化成白骨（圖109）。然後棺材上方略高的地方有位隱者，他打開《聖經》卷軸，向人勸說現世的無常，建議人們過著禁慾遁世、修道院般的理想生活。

像這樣將死亡主題視為具有警醒人現世無常、藐視官能主義、勸說肉體虛無的道德、教育意圖手法，早已出現在十三世紀的法國文學中。名為《三位死者與三位生者》（Three Living and the Three Dead）的詩文故事便是如此：三位年輕的貴族無意間遇到三具骸骨，骸骨們各自說「吾為教宗」、「吾為高僧」、「吾為教宗祕書」，接著預言「你們也會變得跟我們一樣吧，終將失去權力、名譽以及財富」——換句話說，比薩的壁畫可謂是以造型藝術的形式呈現這些骸骨間問答主題最古老的例子。

之後出現了眾多同樣的範例，比方說一四〇二年逝世於亞維儂的拉格朗日紅衣主教，其墓碑（圖110）也刻著「你最終也將如我，成為發散惡臭的骨骸、被蛆蟲啃食殆盡吧」的墓誌銘。該墓碑上的屍體雕像狀態跟比薩壁畫中的第三具屍體幾乎一模一樣。

圖108　擄走人類飛上天空的惡魔，
《死之勝利》局部，比薩公墓

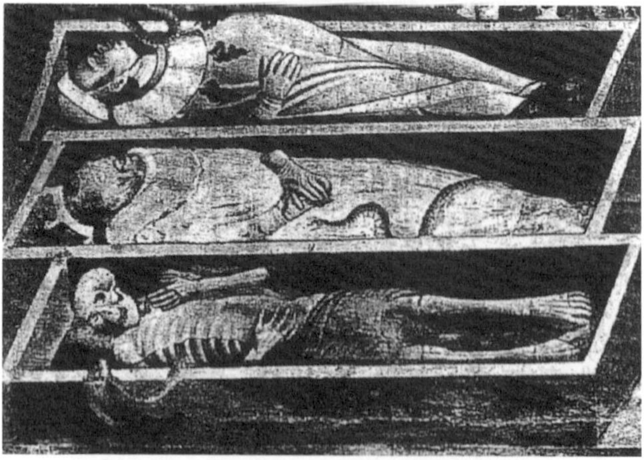

圖109　屍體的三階段，比薩公墓壁畫

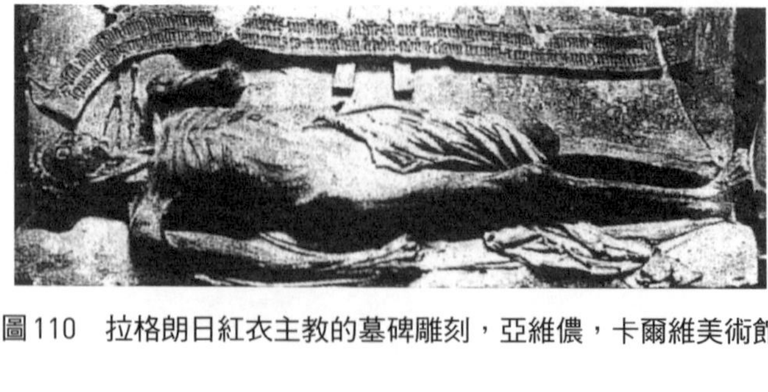

圖110　拉格朗日紅衣主教的墓碑雕刻，亞維儂，卡爾維美術館

「古代人相信，透過乾燥骨頭可緩和在死亡瞬間引起的暴力威脅。對生存者的眼睛而言，死亡本身也是暴力的一種，暴力的渾沌很類似死亡。一旦屍體最後變成白骨，便能鎮壓暴力。」喬治・巴代伊曾如此適切地敘述——然而中世紀異樣的風俗會將身分尊貴、死於異鄉的人士遺體肌肉片下來、長時間燉煮讓骨肉分離，僅僅將骨頭清洗乾淨後收進行囊，送回其故鄉再正式下葬。十二、十三世紀時此風俗廣為流傳，似乎也會對國王與主教施行這種做法（據懷金格表示）。

不過對當時的民眾而言，「死亡只是恐懼的對象」這想法應該有誤。雖有恐懼之處，但死亡也魅惑著一般庶民，由艾米爾・馬勒以下的證言便可知：

「諸聖嬰教堂的墓地中，娼婦在迴廊下方或墓碑之間徘迴著。」

——《中世紀末的宗教藝術》

事實上，據說埋葬在巴黎有名的墓地中，正是當時巴黎人最大的心願，而運氣不佳無法如願的人，甚至到了希望能拿該墓地的土壤放進自己墳墓中的程度。

想知道當時一般庶民如何親近死亡、與死亡嬉戲，看看一四三三年由畫家皮耶羅・迪・柯西摩（Piero di Cosimo）執導，在翡冷翠舉行的嘉年華行列模樣便知。據瓦薩利表示，有頭黑牛拉著上面畫著骷髏的巨大車輛，那車上站著死神、手拿大鐮刀，周圍排列著墓碑。裝扮成死人的同伴各自扛著黑色十字架與黑旗，整群跟在後面。市民見到這景象，似乎不停歡呼叫好。

圖111　死之舞蹈，
紐倫堡年代紀，
十五世紀末

圖112　死之舞蹈，
屍陀林主（死神），
西藏繪畫

藝術中《死之勝利》的主題最早在義大利完成，而十四世紀起怪誕的《死之舞蹈》主題，與前面提過的《三位死者與三位生者》則同樣起源於法國。

艾米爾·馬勒大膽提倡十五世紀藝術中基調的呈現手法一般是模仿當時戲劇的假說，而否認馬勒說法的人如懷金格也都認可了當時的戲劇似乎大多帶有壁畫或木版畫中《死之舞蹈》的基調。或許是因為達到最醜陋的效果，這個《死之舞蹈》的主題不僅在中世紀流行，也在文藝復興時期大為風行，甚至十九世紀以後的繪畫、散文（歌德）與音樂（聖桑）都以此為題材，不過話說回來，其起源似乎是在乞討修道團傳教中間進行的一種默劇、活人畫。

骸骨問答時，死亡對生者的態度是極度有說服力且溫和的，然而到了《死之舞蹈》，卻變得誘惑且暴力。人類與死亡手拉手、一邊與死亡跳著舞，一邊沉醉其中被引導前往冥界。骸骨問答時可見到的寂靜氣氛消失，完全由嘲笑、諷刺現世的某種狂躁氛圍所支配。《死之舞蹈》是形骸醜陋的死亡、骸骨或屍體，交錯站在王公貴族到市井小民各種階層身分的人們之間，大家一起跳舞、一起沉醉狂亂的魔宴。

《死之舞蹈》的造型呈現方式始於十五世紀。一四二四年描繪在巴黎諸聖嬰教堂墓地柱廊上的壁畫大概是最早呈現該主題的，不過可惜的是這於十七世紀時消失。接著在倫敦、北法克馬里亞、北德呂貝克、中法拉謝斯迪厄、巴塞爾等教堂，出現了相同主題的壁畫（都在十五世紀後半）。一四八五年由居由．馬尚以插畫出版的初版《死之舞蹈》木版畫，據說也有人認為是模仿巴黎諸聖嬰教堂的壁畫。馬尚在一年後出了第二版，同時也發行了《婦女們的死之舞蹈》。維拉爾嫉妒這些木版畫的成功，於一四九二年出版其模仿作品。

十六世紀霍爾拜因繪製木版畫《死之曆》時，也明顯受到這些法國插畫本的影響。他的《死之舞蹈》題名為《死之幻影》，一五三八年於里昂發行。

見到拉謝斯迪厄教會樸拙的壁畫，裹著薄布的死亡與其說是完全的骷髏，更像是肌肉沒有切除乾淨的亡者。它們與身穿華服的生者、貴族、貴婦、修道士間隔交錯、手牽著手，動作豪放地跳著舞。也就是說，一開始是亡者的圓舞，絕對不是骷髏頭的。觀察古代義大利庫麥石棺浮雕的歌德也證明了這件事。換句話說，十五世紀時的《死之舞蹈》呈現的是在羅馬時代的石棺、博斯柯雷雅萊出土銀器（羅浮宮）等物上描繪的亡靈群舞與詭異的類似物，那絕對不是骷髏或死神的舞蹈。到了一五〇〇年左右，跳舞的主角正如霍爾拜因的畫中可見到的，開始完全變成骷髏的樣子。

佩托尼奧著作的小說《愛情神話》[2]，在有名的特里馬喬盛宴一章中，有個奴隸將銀製骸骨送上餐桌的場面。然而這個「關節與脊椎製作成能朝任何方向活動、彎曲」的骸骨，只不過是專門為了替盛宴與會者帶來飲酒作樂的喜悅。「可憐的人啊，若要下地獄，我們也會跟你一起去。既然如此，趁著尚能幸福的時候好好享受吧！」特里馬喬如此歌頌著。

不是要人「記住你終將一死」，而是「記得活在當下」。不僅《愛情神話》，一般古代文藝美術中呈現的死亡基調，大多總是從肉體享樂、遊蕩等享樂主義精神、頹廢精神出發，為了將其逐漸轉往基督教「記住你終將一死」這種對晦暗人生的不安以及禁慾主義精神，似乎借助了東洋的影響。

懷金格指出：「所謂人生的不安，也就是否定美與幸福的感情。至於為何要否定，那是因為美與幸福中帶有傷心與悲嘆。呈現這種思想的中世紀基督教表現方式，與古印度，尤其佛教界的表現方式相似到驚人的程度。」羅馬式微期的遺產銜接上亞洲的煩惱主義，完成了基督教那異常的死亡理想。印度、西藏、中亞等地的修道院或岩窟等處，也有殘酷刺眼的屍體腐敗圖或《死之舞蹈》圖，尤其佛教故事中被稱為「起屍鬼」或「屍陀林主」的墓地幽靈或者死神中，根據巴爾特魯沙帝斯的考證，據說有遠早於西歐中世紀骷髏的原型。

藏傳喇嘛教自古以來，便有種由僧侶扮成骷髏跳舞的宗教儀式。

喇嘛教在中國元朝時期（十三～十四世紀）廣大繁盛，其一大中心地的燕京（北京）同時也是在亞洲辛勤傳教的方濟各修道會的根據地。由此可知，他們應該有接觸到並熟悉喇嘛教的宗教儀式，從這層意義而言，也值得同意艾米爾．馬勒所言：「他們的《死之舞蹈》的觀念在西歐發揚光大。」

奧卡尼亞或者特萊尼創作的比薩壁畫，於其發源地義大利衍生出眾多類型，也深刻影響到米開朗基羅的《最後的審判》，不過單純讓《死之勝利》原本的主題發展，達成最戲劇性呈現的，反而是尼德蘭畫家布勒哲爾的作品（一五六二年左右，圖113）。伴隨著《啟示錄》般燒盡天際的大火，以及令人聯想到《最後的審判》、所有人類定罪方式的表現，位於近景而非角落滿滿「死亡」群眾的處理手法，實現了恐怖絕頂的樣式美感。馬賽勒．布利昂甚至將這「死亡」的龐大軍隊與阿爾道夫著名的《艾爾貝來戰役》之龐大軍隊相互比較，這正是畫家明顯以《死之勝利》的眼光來看世界末日的呈現方式。

當拉丁系畫家在墓地裝飾中反覆呈現拿著巨大鐮刀橫掃群眾，或者從疾馳的馬上拉弓瞄準活生生的人這種略為單調的死亡時，北方日耳曼的浮士德精神則在各種令人毛骨悚然的表現手法中，導入英雄故事之類的要素。與死亡決鬥的騎士主題、與怪獸面對面對決的聖喬吉歐主題，或者對抗惡龍的齊格菲傳說主題皆是如此。中世紀禁慾苦行主義之所以頻繁出現於悲劇中，原因在於德國。只有以死亡的勝利為前提，悲劇才會更加激昂。敏銳反映出所謂宗教改革的現實，經常描繪世界末日主題的杜勒（他的草圖與木版畫尤其常見到死亡露臉），正是替這種悲劇與英雄主義精神增添豐富色彩的畫家。

圖113　布勒哲爾《死之勝利》，普拉多美術館

接下來的德國畫家還下意識地深刻連結了恐懼、怪誕風格、死亡與愛慾，可說是開始奠定藝術史由中世紀的暗夜走向文藝復興時期的黎明吧。「女性與死亡」是漢斯．巴爾東（Hans Baldung Grien／Grün）挑戰無數次的主題——然而其中最令人感到恐懼的作品，就是無意中從墓穴跑出來，像是從後方抱著豐腴裸體女性的「死亡」，用尖銳的牙齒抵著抬起頭的女性下巴一圖（一五一七年，圖114）。

喬治．巴代伊表示，杜勒、克拉納赫、漢斯．巴爾東等人的作品誕生自詛咒肉慾表現的宗教世界暗夜，

「情色的明度可說是沉浸在悲痛的色調中，他們並非身在能自由自在主張自我的世界。因此其中呈現若隱若現的光芒，如字面所示，那甚至是種散發熱度的光。」

——《愛神之淚》

還有「杜勒作品中情色與施虐狂的連結，比克拉納赫、漢斯．巴爾東作品中的有過之而無不及。然而漢斯．巴爾東連結情色的並非痛苦而是死亡—因為這是種既令我們恐懼，也逐漸誘惑我們前往恐怖妖術陰鬱魅惑方向的強烈印象。」（同上）

圖114　漢斯·巴爾東《死神與少女》，
巴塞爾美術館

尼克勞斯・曼努埃爾・德意志也以類似的手法處理相同主題。衣衫襤褸、飄散腐臭的死亡與年輕女孩接吻的同時，也單手從裙子下方伸進女孩胯間（一五一七年，巴賽爾美術館）。

此外，十六世紀以後發展、琢磨死亡主題的，還有西班牙的巴爾德斯・萊亞爾、荷西・古提耶雷茲・索拉納，以及比利時的恩索爾（James Ensor）三人，到了二十世紀則有獨特的女性畫家麗歐諾爾・費妮（Leonor Fini）。

巴爾德斯・萊亞爾陰鬱的壁畫《末日》（一六七二年，圖115）中，銘文緞帶上用拉丁語寫著「此世榮耀之終結」，鮮活地呈現出屍體腐敗的樣子。據安德烈・布勒東表示：

「無論其中是否有正統基督教的寓意，這都是隱含著煉金術思想的作品。」

——《魔法般的藝術》

索拉納的作品中，正如恩索爾作品所呈現的，面具象徵著虛無且經常登場。馬德里的《死之舞蹈》（J・瓦雷羅收藏，圖116）可說是西班牙綜合了《最後的審判》與《死之勝利》展現極致怪誕的作品。

至於麗歐諾爾・費妮，引述以前尚・紀涅評論她作品的言論，也就是：

圖115　巴爾德斯·萊亞爾《末日》，塞維亞施療院

圖116　索拉納《死之舞蹈》，馬德里，個人收藏

「如果我沒有發現她心中散布在死亡奢華感之間的絕望要素，我會如此熱衷於一個作品嗎？」

——《獻給麗歐諾爾・費妮的信》

我認為這些話也很適用於名為《解剖學的天使》（一九五〇年）的死亡肖像。

書目註記

1. Der Zauberberg, Paul Thomas Mann, 1924.
2. The Satyricon, Gaius Petronius, 1th C.

圖117　張開血盆大口的惡魔，賈克・卡洛《聖安東尼的誘惑》局部，一六三四年

解說

谷川渥

《惡魔的肖像》是澀澤龍彥所有著作中，真正奇特的一本。

正如作者在可稱為「apologia」（辯解文）的〈前言〉中所說的，本書從執筆到出版之間隔了「將近十七年」，如果從寫了這篇〈前言〉的隔年一九七九年來算，實際出版的時間正確來說橫跨十八年，這是絕對是個特殊例子。

本書於一九六一年在藝術雜誌《MIZUE》連載時，澀澤出版了《黑魔法手帖》。之後《手帖》三部曲第一彈的《毒藥手帖》（一九六三年）、《祕密結社手帖》（一九六六年）陸續出版，終於開始確立其樣貌。澀澤翻譯過寇克鐸的《鴻溝》（一九五四年，原文書名：Le grand écart，芭蕾術語的劈腿）、薩德侯爵的《邪惡的喜樂》（一九五九年），出版了評論集《薩德侯爵復活》（一九五九年），身為薩德侯爵研究家、法國文學家存在感強烈，進入六〇年代，如果用〈前言〉的字句來說，就是挑戰「日本尚未有人踏足的領域」。實際上，如今魔術、惡魔及惡魔學等語詞正膾炙人口，到處都是相關書籍，甚至變得了無新意，但是在當時認真把這些當成研究對象，或是說打算當成自己的研究對象，至少在日本這個國家可說是史無前例。《惡魔的肖像》在這層意義上，與《黑魔法手帖》應該同樣算是打前鋒的一本。

然而澀澤在這時機點選擇不出單行本，為什麼呢？當然是因為如他自己所說的「想要整個重新改寫當初青澀的內容，使其改頭換面」，無庸置疑。話雖如此，如果說這些是「青澀的內容」，那麼《黑魔法手帖》也同樣是「青澀的內容」，要繃緊神經注意《惡魔的肖像》的「疏漏」、「不滿意的地方」說不定也蠻奇怪的。澀澤自己並不積極出單行本，如果我們讀者也從本書中感受到某些微妙、不像澀澤的地方，又是為什麼呢？

為了回答這個問題，必須要提到澀澤於《藝術新潮》一九六九年六月號發表、之後收錄於《黃金時代》（一九七一年）中名為〈魔性之物復活〉的隨筆。根據《夢的宇宙誌》（一九六四年）所寫，可說成功刻劃其近乎決定性存在的澀澤，是首位批判藝術史方法論的人物。

他提倡任何文化領域編年史般的思考方式已如行屍走肉，藝術史方面也必須融合深層心理學、人類學、民俗學等的最新成果，他還劍指安德烈．布勒東的大作《魔法般的藝術》（一九五七年）表示：「以藝術思潮或學派交替來說明藝術史的固定形式受到破壞了，我們可以透過思想和世界觀，以超越時間的視角重新解讀藝術史。」《魔法般的藝術》僅限於對法國圖書俱樂部會員出版的一九五七年，恰巧也是古斯塔夫．瑞涅．虎克的《當世界成為迷宮》[1]在德國出版的年分。這也是一本讓矯飾主義概念廣為流傳、紀念碑一般的大作。不管怎麼說，澀澤貪心地吸收五〇年代以後布勒東、虎克著作所象徵的歐洲新知潮流，因為他同時也在其文脈中努力更新自己工作的緣故。正如澀澤本身的卓越表現，他比起歷史更著重神話，比起觀念更著重印象，用赫柏特．瑞德的風格來說，無非是比起「構想」更著重「象徵」。

如此一來，《惡魔的肖像》與《夢的宇宙誌》等書相比，若給人某種異樣的印象，可想見是他在處理「象徵」的同時，多少也不由自主講究起「歷史」、「觀念」、「構想」的關係吧！之所以不得不講究，正因為對象是所謂「中世紀」這個意識形態出眾的社會，沒別的理由了。

澀澤在收錄於《黃金時代》中題名為「A．基爾學與遊戲機械的發明」的隨筆中，提及業餘者（amateur）的語源是拉丁語的「amator」（愛慕者），主張擁有偉大業餘精神者也正是偉大的、情色的、泛性戀的人類。這個詞直接指向擁有矯飾主義精神「站在遊樂面向的基礎眺望一切」的基爾學本人，不過也適用於澀澤自己。筆者認為澀澤身為罕見業餘愛好者的情慾，鮮活地存在於所謂矯飾主義這片海洋中。是不是正因為愛慕基督教中世紀入骨卻感受到某種糾葛矛盾，澀澤才猶豫是否要出單行本呢？

話雖如此，經過長時間的沉澱，結果澀澤還是出版了本書。澀澤也寫了他「體會到掌上明珠終於要嫁人的父親心境」，然而實際上《惡魔的肖像》是放進漆黑盒子的方形書籍，化身身穿黑色禮服的新娘在世間亮相。

試想看看，雖說有加筆，不過本書對澀澤而言卻是第一本藝術史書籍，「挑戰了當時日本尚未有人踏足的領域」，換言之，這本正可謂是第一本正面面對「魔性之物」領域的「象徵」之書也不為過。以此意義來說，「原本就是筆者投注了無數心血的作品」這段話也能如字面所示受到大家認可吧！

那麼，雖然澀澤自稱這本書為「一種研究筆記」，不過其「研究」內容的真相卻清晰可見，這點很有趣。這本書基本上可認為是澀澤將其作為所謂澀澤版《魔法般的藝術》來構思，並且打算限定範圍於尤爾吉斯．巴爾特魯沙帝斯的中世紀研究。當然澀澤逐漸展現其手腕功力，明顯勝過約翰．懷金格、艾米爾．馬勒、昂里．弗希雍以及羅蘭．維勒內夫等人的著作。話雖如此，但本書就其「意圖」而言，絕對是以布勒東與巴爾特魯沙帝斯為主軸所貫穿構成的沒錯。而巴爾特魯沙帝斯則是布勒東在《魔法般的藝術》中，幾乎可說是唯一提及的藝術史學家。

《魔法般的藝術》內容要說簡單確實簡單，布勒東的命題也是如此。藝術起源於魔術，本身會重現魔術誕生出藝術時刻的藝術稱為《魔法般的藝術》，基於此命題，布勒東努力重新編製原始藝術到超現實主義的藝術史，其中有個題名為〈迂迴的魔術，中世紀〉的章節。澀澤是以此部分為本書的基礎，在〈惡魔肖像學〉一章早早便提到布勒東也能確認如此，不過可以推測出他是用自己的表達方式草草帶過。

《魔法般的藝術》已在巖谷國士先生的監修下，由河出書房新社出了日語版，所以如今讀者得以隨時接觸到此驚人大作。其實負責翻譯其中問題所在的〈迂迴的魔術，中世紀〉章節者是我本人，希望藉此機會提一下，翻譯越辛苦，越對澀澤的文字有特別的親近感。

澀澤使用的巴爾特魯沙帝斯著作為《幻想的中世紀——哥德藝術中的古代與異國品味》（一九五五年）、《覺醒與驚異——幻想的哥德時期》（一九六〇年）這兩本，前者尤甚。幸運的是，這本《幻想的中世紀》也基於一九八一年法語新版，由「平凡社叢書」出了日語翻譯本，讀者可以去確認看看澀澤如何自由自在地馳騁其中——也就是如何利用長著蝙蝠翅膀的惡魔、雙頭戈爾貢、格利羅（頭足人）、邪惡之樹、誘惑圖等的敘述。

不對，雖然寫了「利用」兩字，不過引導我們認識巴爾特魯沙帝斯這位立陶宛出身、學富五車無與倫比的人，並非別人，正是澀澤龍彥，如果沒有他試圖連結布勒東與巴爾特魯沙帝斯的「挑戰」，《幻想的中世紀》不在話下，甚至可以說不可能出版集結《形變》、《歪像》、《追尋伊西絲》、《鏡》的《巴爾特魯沙帝斯著作集》（國書刊行會）日語翻譯版吧！原本《著作集》的責任編輯意屬由澀澤擔任，在這層意義上，與其說澀澤「利用」了巴爾特魯沙帝斯，不如說是種「宣傳」。接著在因緣際會下，我獲得了翻譯《鏡》的機會，因為之前多少有參與布勒東與巴爾特魯沙帝斯雙方作品的翻譯，說不定我的工作與本書至少有一部分的淵源。

話說回來，別忘記澀澤將本書限定於「中世紀」這個時代，同時也延續喬治・巴代伊的《愛神之淚》、馬賽勒・布利昂的《幻想藝術》（一九六一年）等大作，有時也帶著玩心聯想到超現實主義藝術。說著「同樣跨越恐懼藝術時空的共通性」，從薩爾瓦多・羅薩談到薩爾瓦多・達利，甚至提及日本的「次第高」，如此流暢輕快的文筆確實能感受到是澀澤的風格。

不管怎麼說，這本由各種要素交織而成的「研究筆記」構成了澀澤龍彥的原點。而且包含之後澀澤的發展萌芽在內，可將其當成某種程度的預告也不為過。

雖然本書是澀澤的作品中相對較不出名的，不過也就這樣放入了文庫。即使沒有注意到澀澤龍彥這個名字，作為奇特的中世紀藝術書籍，讀者也應該能沉浸其中。

本書於一九七九年由桃源社出版。

書目註記

1. Die Welt als Labyrinth, Gustav René Hocke, 1957.

惡魔的肖像

出版◆楓樹林出版事業有限公司
地址◆新北市板橋區信義路163巷3號10樓
郵政劃撥◆19907596 楓書坊文化出版社
網址◆www.maplebook.com.tw
電話◆02-2957-6096 傳真◆02-2957-6435
作者◆澀澤龍彥
翻譯◆李依珊
責任編輯◆周佳薇
校對◆周季瑩
封面插畫◆安品
港澳經銷◆泛華發行代理有限公司
定價◆380元
出版日期◆2023年6月

國家圖書館出版品預行編目資料

惡魔的肖像 / 澀澤龍彥作 ; 李依珊譯. -- 初版. -- 新北市 : 楓樹林出版事業有限公司, 2023.06 面； 公分

ISBN 978-626-7218-63-1（平裝）

1. 宗教藝術 2. 基督教

244.65 112004805